무사히 어른이 될 수 있을까

무사히   어른이   될 수 있을까

십 대를 위한
심리학자의 마음 수업

이고은 지음

아몬드

준비 없이 어른이 될까 봐
불안한 마음들에게

오래전 연구소에서 같이 일했던 선배를 만났습니다. 늦겨울의 토요일 오후, 어느 카페에서였어요. 달콤한 음료를 주문하는 선배에게, '시간이 흘러도 취향은 여전하시다'며 알은체를 했더니 '고은 씨 습관만 하겠느냐'면서 테이블을 닦고 가지런히 접어 놓은 소독용 티슈를 가리켰습니다. 여러 번의 계절을 함께 보내며 쌓은 공통된 경험과 기억은, 삽시간에 우리를 그때 그 시절로 데려다 놓았습니다.

"그런데요, 선생님. 그땐 제가 너무 부족한 사람이었어요. 적어도 지금만큼만 능력을 갖췄더라면 훨씬 나았을 거란 아쉬움이 들어요. 제가 너무 철이 없었어요."

제 고백이 뜬금없다는 듯 선배는 찻잔을 들어 올리다 말고 고개를 갸웃하며 저를 빤히 쳐다보았습니다.

빈말이 아니었습니다. 적어도 지금처럼만 마음에 여유가 있고 유능했다면, 그때 주변 사람들과 지내기가 한결 편하지 않았을까 하고 자주 생각했거든요. 알게 모르게 저질렀을 수도 있는 무례한 행동이나 서툰 실수 같은 것도 없었을 테고 말이죠.

이런 생각을 한 게 이번만은 아닙니다. 이따금 과거를 떠올리면 아쉬운 마음이 들 때가 참 많았어요. 고등학생이 되어서는 지금처럼만 수학 문제를 잘 풀었다면 중학생 때 수학이 참 쉬웠을 텐데 생각했고, 대학생 시절엔 지금의 지적 수준 그대로 고등학교로 돌아간다면 공부가 꽤 수월했을 거란 엉뚱한 상상을 했습니다.

성인이 되고서도 비슷한 생각들이 자주 머릿속에 맴돌았습니다. 그때 더 지혜로웠다면, 더 관대했더라면, 주변 사람들에게 더 따뜻했더라면 좋았을 텐데 싶었죠. 부족하고 성숙하지 못했던 지난날이 못내 아쉬워 자주 자책하는 마음이 들었습니다.

무사히 어른이 될 수 있을까

어쩌면 불안해서 그랬는지도 모르겠습니다. 언제나 부족하기만 한 스스로가 못 미더워서 내일을 향한 발걸음을 주춤거렸어요. 새로이 맞이할 계절이 막막해서 늘 지나온 시간만 되짚었죠.

말끝을 흐리며 상념에 잠기려는 제게 선배가 뜻밖의 대답을 해 주었습니다.

"선생님. 지금에 와서 하는 말이지만 내가 일을 시작한 후로, 선생님과 함께 일했던 그때가 가장 좋았어요. 사려 깊은 선생님 덕분에 정말 편하게 일할 수 있었고요. 선생님은 아주 유능하고 좋은 동료였다는 걸 선생님 자신만 모르는 것 같아요."

마음에 쌓아 두었던 자책과 불안의 철벽이 와르르 무너지는 기분이었습니다. 십 년은 족히 묵혀 둔 체증이 내려가는 듯했어요. 앞에 놓인 밀크 티 찻잔의 온기가 무색할 만큼 심장이 따뜻해졌습니다.

오늘의 내가 있는 건 지금껏 살아온 과거의 내가 있어서입니다. 수학 문제를 잘 푸는 고등학생이 된 건 착실히 연습해 온 중학생 시절이 있었기 때문입니다. 그뿐만 아니라 더 어렸을 적에 쌓은 경험과 노력도 작용했을 것입니다. 서툴고 미숙했던 시기를 성실히 통과해 온 그때의 내가, 지금의 무사한 나를 있게 해 준 것이죠. 힘겹고 막막했으나 그럼에도 세상으로 걸음을 한 발짝 떼어 놓게 했던 그때의 소중한 마음들을, 저는 마치 잊고 싶은 기억처럼 애써 외면하고 부정했습니다.

지금도 힘들거나 지치는 일이 있을 때, '함께 일했던 그때가 가장 좋았다'는 선배의 말을 떠올리곤 합니다. 그럴 때면 마치 위기의 찰나에 써먹을 끝판왕 게임 아이템을 몸에 지닌 양 자신감이 생깁니다. 큰 의미가 없어 보여도, 그냥 흘러 지나온 시간처럼 느껴져도, 그래서 기억할 만한 일이 별로 없는 듯해도, 적어도 아무것도 아닌 계절이란 제게 없었습니다. 여전히 부족하지만, 현재의 생각과 감정에 충실한 하루하루를 보낸 결과, 지금 이곳에 이르렀다는 안도감을 느낍니다. 그리고 이 감각은 내일을 살게 할 용기를 안겨 줍니다.

이 책에는 심리학자가 된 지금의 제가, 십 대의 어린 저에게 해 주고픈 소박한 이야기들이 담겨 있습니다. 책을 쓰는 동안 저는, 사춘기 시절의 저와 작은 테이블을 사이에 두고 앉아 두런두런 대화를 나누는 상상을 했습니다. 즐거운 경험을 풀어놓을 땐 함께 깔깔거렸고, 괴로운 기억 앞에선 같이 눈물 흘렸죠. 이불 킥을 할 부끄러운 일들도, 이유 없이 화가 나고 짜증을 부렸던 일들도, 코미디가 따로 없을 우스운 일들도 마냥 소중하게만 느껴졌습니다.

그 소중하고 고유한 십 대의 고민과 마음과 생각을, 심리학이라는 도구를 통해 해석하고 풀어내 보고자 애썼습니다. 그 해석들은 때로는 심리학 지식의 모습으로, 또 때로는 어른이 되어 겪은 저의 재미있고 즐거운 경험으로 등장합니다.

심리학은 독심술을 일으키는 도구도, 통찰력을 안겨 주는 만능열쇠도 아닙니다. 그러나 나 자신을, 타인을, 그리고 세상을 조금은 다른 관점에서 볼 수 있게 도와줍니다. 그런 즐거운 관점의 변화, 새로운 시각의 열림을 여러분과 공유하고 싶었어요.

또한, 준비 없이 어른이 되어 버릴 것 같아 불안한 마음들에게 작은 위로를 건넬 방법을 오랫동안 생각했습니다. 책에는 결코 특별할 것 없는 제 지난 이야기가 실려 있지만, 그렇기 때문에 더욱 공감을 얻을 수 있을 것이라 생각했어요. 부디 책을 읽을 독자들이 어느 대목에선가 자신의 경험이나 생각이 겹치는 장면을 하나쯤 만났으면 하는 바람입니다. 그리고 서툰 것처럼 보여도 잘 하고 있다고, 좋은 선택을 하고 있으니 걱정 말라고, 힘겹게 통과하고 있는 지금의 계절이 훗날 기억 저편에 머무르다 다정히 말을 걸어 올 날이 선물처럼 올 거라고 말해 주고 싶습니다.

소중한 시절에 함께 성장할 수 있었던 많은 사람들에게 고마움을 전하며, 그때를 사랑하고 지금을 존중하는 마음이 책을 펼친 당신에게로 오롯이 건너가길 바랍니다.

이고은

차례

2부 ✦ 함께 살아가기

1부

내 마음 바라보기

내가 너를
좋아하는 이유

1   MBTI는 내 성격을
         얼마나 정확히 설명할까

✦

"이고은, 너 왜 나한테 뻥 쳐?"

민주가 교실 문을 열고 들어와 내 앞에 서더니 호들갑을 떨며 말했다.

"밑도 끝도 없이 뭔 소리야?"

"커피 맛있다며? 네가 서문 현관 자판기 커피가 제일 맛있다고 해서 일부러 갔었단 말이야. 그런데 맛있긴 개뿔, 완전 맛없어. 겁나 써."

쓴 커피를 들이켠 탓인지 미간을 있는 대로 찌푸렸는데도 목소리엔 웃음기가 섞여 있었다. 따지듯 말해도 전혀 화난 사람 얼굴이 아니었다. 코앞으로 불쑥 들이민 커피를 살짝 맛보니 정말 쓰다. 내가 아는 달콤한 커피 맛이 아니었다.

"내가 말한 서문 현관에 있는 자판기 맞아?"

"응 맞아, 진짜야."

의심의 눈총을 쏘아 대며 묻는데도 민주는 되레 이 상황이 재밌다는 듯 까르르 웃었다. 무엇이든 직접 확인을 해야 직성이 풀리는 나는, 그럼 한번 같이 가 보자며 자리를 박차고 일어났다. 가방에서 동전 지갑을 꺼내 교복 치마 주머니에 쑤셔 넣었다.

"밀크 커피 누른 거 맞아? 확실해?"

"아, 맞다니까!"

민주의 야단스러운 반응이 재미있어서 일부러 더 약을 올렸다. 2교시 쉬는 시간만 해도 달콤했던 밀크 커피가 왜 갑자기 써진 걸까. 의심과 호기심을 품고 복도를 걸으니 마치 사건 현장의 알리바이를 조사하러 나선 형사라도 된 기분이었다.

학교에선 재밌는 일들이 다글다글 벌어진다. 친구들과의 일상은 소소하고 흥미롭다. 우리는 비슷한 것 같지만 모두 다르고, 서로 다른 생각과 행동을 통해 새로이 무언가를 알아 간다. 우리가 그려 내는 일상의 그림들 덕분에 공부도,

무사히 어른이 될 수 있을까

학교생활도 마냥 힘들지만은 않다.

서문 현관 자판기 앞에서 동전을 꺼내다 불현듯 생각 하나가 내 머리를 스쳤다.

"민주야, 너 혹시 종이컵을 자판기에서 빨리 꺼낸 거 아냐?"

"어? 뭐?"

생각지도 못한 이야기를 들었다는 듯 민주가 화들짝 놀라 발뒤꿈치를 들어 올렸다. 나는 자판기에 동전을 넣고 밀크 커피 버튼을 꾹 누르면서 설명했다.

"봐 봐, 이 불이 꺼지기 전에 커피를 꺼내면 시럽은 못 받아. 맨 마지막에 나오거든. 불 꺼지기 전에 종이컵을 꺼내 버리면 시럽이 안 섞인 커피를 뽑게 되는 거지."

완료 버튼의 불이 꺼진 것을 확인한 뒤 커피를 꺼내어 민주에게 내밀었다.

"자, 맛있을 거야. 마셔 봐. 그리고 불이 꺼진 뒤라도 되도록 1, 2초는 기다렸다 꺼내는 게 좋아. 뜨거운 물이 뒤늦게 몇 방울 떨어질 수 있거든."

호로록 삼킨 커피가 만족스러운 듯 민주는 우스꽝스러운 표정을 지어 보였다. 종이컵을 빨리 꺼내 버린 자신의 행동도 우습고 그걸 또 정확히 알아낸 나도 재밌기는 마찬가지라고 했다.

"커피는 그냥, 고은이 네가 늘 뽑아다 줘. 아니다, 맨날 같이 마시러 오자."

"그래, 그러지 뭐. 그럼 네가 사."

다디단 자판기 커피를 한 잔씩 들고 우리는 마주보며 웃었다. 커피는 하루에 딱 한 잔, 오전에만 마시라는 엄마의 당부를 오늘은 지키지 못했다.

민주가 쓴 커피를 뽑은 이유를 내가 어렵지 않게 유추할 수 있었던 건, 민주가 자타 공인 급한 성격의 소유자라서다. 민주 곁에 있으면 늘 반박자쯤 앞서가는 바람에 벌어지는 코믹한 일들을 비일비재하게 목격할 수 있다. 오늘처럼 종이컵을 일찍 꺼내는 일 정도는 별일 축에도 못 든다.

걸음이 빠르다거나 밥을 급히 먹는 것 같지는 않던데, 같이 어딜 가자고 하면 내가 필요한 물건을 챙기는 사이 민주는 어느새 교실 문밖에 서 있다. 문자 메시지를 주고받으면 내가 답장을 쓰는 사이 민주에게서 두세 통의 메시지가 더 도착한다.

며칠 전엔 학교에서 단체로 예방 접종을 맞았다. 보건실 앞에 늘어선 줄은 길었고, 내 앞에도 열 명이 넘는 친구들이 줄 서서 대기 중이었다. 누가 제일 긴장한 얼굴을 하고 있는지 궁금해 뒤를 돌아보던 찰나 풋 웃음이 터지고 말았다. 당장 주삿바늘을 찔러도 될 정도로 교복 블라우스 왼쪽 소매를 어깨까지 걷어 올린 채 기웃거리는 친구는 민주가 유일했다. 민주는 나보다 예닐곱 명도 더 뒤에 서 있었는데 말이다.

다른 친구들과 구별되는 민주의 이런 특성은, 개인적인 생각이지만 매우 귀엽고 재밌다. 내가 민주를 좋아하게 된 결정적인 계기는 의외의 장면들을 목격하면서였다. 민주는 급한 성격이 불러오기 쉬운 자칫 불안해 보이고 이기적일 수 있는 행동을 하지 않는 특별한 사람이었다.

건물 현관문 손잡이를 동시에 잡았을 때 상대방이 먼저 나가도록 양보하고서도 안팎의 사람들이 드나들도록 문을 잡고 서 있는 민주를 본 적이 있다. 물론 서 있는 동안 다리를 귀엽게 동동거리긴 했다. 민주는 뒤따라 오는 사람이 부딪히지 않게 무거운 출입문을 붙잡고 늘 뒤를 돌아보는 습관이 있었다. 버스에 제일 먼저 타고 제일 먼저 내릴 것 같은데, 짐이 있거나 연세가 지긋하신 분들이 먼저 오르도록 뒤로 주춤주춤 물러나 가장 나중에 버스에 올라타던 광경도 보았다. 성격이 급해서 언제나 반박자 앞서면서도 민주는 다른 사람을 잊지 않고 배려했다. 빠르고 밝고 경쾌하면서 동시에 행동이 가지런했다.

훗날 민주는 비행기가 착륙해 안전벨트 표시등이 꺼지면 자리에서 가장 먼저 일어나는 사람일 거다. 안 봐도 알 것 같다. 그런데 그래 놓고 다른 승객들이 짐을 꺼내는 걸 도와주느라 가만히 있지 못할 사람이 또 민주이지 않을까. 앞차가 느린 속도로 출발해도 절대 경적을 함부로 울리지 않을 사람. 전철을 타고 내릴 때 앞사람을 밀거나 하지 않고, 몸이 불편해 보이는 사람을 위해 누구보다 먼저 벌떡 일어나 자리를 양보할 사람. 민주는 그런 어른이 되어 있지 않을까. 분명 그럴 것 같다는 확신이 든다.

민주의 급하고 빠른 기질과 다른 사람을 배려할 줄 아는 됨됨이는 어디까지 타고났고 어디서부터 다듬어진 걸까. 잘은 모르지만, 누군가를 설명할 수 있는 그 사람만의 특성을 '성격'이라 지칭하는 것 같다. 우리는 그 사람의 성격을 바탕으로 여러 가지를 짐작하고 많은 것들을 알아 간다.

서로를 잘 이해하고 서로와 잘 어울리기 위해 각각의 고유한 성격이 발달하고 발전하는 건 아닐까. 누군가의 성격은 때로 그 사람을 좋아할 틀림없는 이유가 되어 주기도 하는 걸 보면 맞는 것 같다. 민주의 성격이 내가 민주를 좋아하는 이유가 되어 준 것처럼 말이다.

학창시절엔 종종 주변 사람들에게 오해를 샀다. 친구들과 어울려 시간을 보내는 건 분명 행복하지만, 내가 예상했던 시간보다 길어지면 곧잘 힘들고 불편해졌다. 그래서 같이 경기장에 응원을 가자는 제안을 고민하다 거절했고, 친구 집에서 하룻밤을 보내며 놀자는 말에 미안하지만 안 되겠다고 했었다. 나중에는 내게 그런 기회나 차례조차 오지 않게 되었다.

친구들 사이에선 '고은이는 우리랑 노는 걸 별로 안 좋아한다'는 인식이 퍼졌다. 급기야 '우리를 안 좋아한다'는 얘기까지 돈다는 걸 알고 혼자 속앓이를 꽤 했다.

지금처럼 그때도 MBTI가 유행했다면 친구들에게 오해를 덜 사지 않았을까. 그저, 엄청 I(내향형)이고, 심한 J(판단형)라고만 말해도 대번에 이해해 줬을 텐데. 너희를 싫어하는 것이 아니라는 해명조차 필요하지 않았을 거다.

다른 사람이 나를 이해해 주길 바랄 때만큼은 MBTI를 능가하는 도구도 없는 것 같다. 예전과 달리 주변 사람들에게 내 특성을 설명하기가 쉬워졌다. MBTI에 따르면, 나는 정해진 일과 외의 일정이 생기면 심란하고, 오늘을 정비하고 내일을 준비해야 안심하는 사람이니까. 나이가 든 지금도 나는 꽤 일관성 있게 여전하다. 다만 MBTI 유형 뒤에 나를 손쉽게 숨기고 있다는 느낌은 떨칠 수 없다.

성격에 관해서 요즘만큼 MBTI로 모든 것을 설명하는 시대는 본 적 없는 것 같다. MBTI가 이 정도로 유행하지 않았던 시절엔 내 성격이나 다른 사람의 성격을 설명하려면 도대체 뭐라고 해야 할지 감이 잡히지 않아서 고작 '성실하다'라거나 '성격이 급하다', '착하다' 정도로만 얼버무렸는데, 이젠 MBTI 유형으로 매우 간명하게 대답할 수 있을 뿐 아니라 대화가 꼬리에 꼬리를 물고 이어지는 효과까지 있다.

또 가끔은 나도 몰랐던 내 성격을 MBTI의 설명들로 이해하고 위로받기도 한다. MBTI 유형을 알면 상대방의 특성도 파악할 수 있는 것 같아서 내심 안심하게도 된다. 나를 이해했다는 느낌을 받고 다른 사람도 이해했다는 느낌을 주기 때문에 우리는 MBTI를 포기하지 못한다. 그 느낌이야말로 우리에게 언제나 필요한, 너무나 큰 안도감을 안겨 주기 때문이다.

심리학에서는 사람의 성격 또한 과학적인 방법으로 연구한다. 그 결과로 나온 것이 '성격 검사personality test'다. 개인이 지닌 성향이나 기질 등을 토대로 자기 이해나 성장을 도모하고자 할 때, 일반적으로 활용되는 심리 검사psychology test가 성격 검사다.

사람의 다양한 특성을 측정하고 확인할 수 있는 심리 검사의 종류는 매우 다양하다. 하지만 세상에 존재하는 모든 검사가 다 좋은 검사라고 할 수는 없다. 심리 검사가 좋은 검사로서 제 기능을 발휘하려면 기본적으로 갖추어야 하는 몇 가지 조건들이 있는데, 그중에서도 특히 '신뢰도reliability'와 '타당도validity'는 필수 요건에 해당한다.

신뢰도는 검사가 얼마나 일관적인지를 의미한다. 풀어서 말하면 검사가 측정 대상을 얼마나 '일관성 있게' 측정하는지를 뜻한다. '동일한 검사를 반복해서 실시했을 때 언제나 같은 결과가 나오는지'가 신뢰도를 판가름하는 핵심이다.

예를 들어, 내 머리둘레는 줄자로 재 보면 55센티미터다. 나는 다 큰 성인이기 때문에 머리둘레가 변할 일은 별로 없다. 내일 재도, 비가 오는 날에 재도, 기분이 좀 나쁜 날에 재도 똑같이 55센티미터다. 줄자의 간격이 고무줄처럼 늘어났다 줄었다 하지 않기 때문에 다양한 상황에서 여러 번 측정해도 일관된 결과가 나올 것이다. 따라서 줄자가 알려 주는 '55센티미터'라는 값은 매우 신뢰할 수 있는 수치다.

신뢰도가 검사가 얼마나 일관성 있는지를 의미한다면 타당도는 검사가 측정하려는 대상을 얼마나 '목적에 맞게' 측정하는지를 뜻한다.

가령, 내 머리둘레가 55센티미터이기 때문에 머리둘레가 53센티미터인 사람보다 지능이 높다고 말하면 매우 곤란해진다. 줄자는 내 머리둘레의 물리적인 크기를 알려 준 것이지 지적 능력의 정도를 알려 준 것은 아니기 때문이다. 마찬가지로 국어 실력을 알아보기 위한 시험이라면서 정작 시험지엔 수학 문제가 빼곡히 실려 있다면 그 시험은 국어 시험지라 할 수 없다. 검사는 반드시 검사의 목적을 달성할 수 있는 타당한 문항으로 구성되어야 한다.

그런데 MBTI는 신뢰도와 타당도를 충족시키기 어려운 검사다. 우선 사람의 성격은 꽤 일관된 특성이라고 할 수 있는데, MBTI는 상황에 따라 결과가 달라지기도 한다. 최근에 어떤 일을 겪었느냐에 따라서 바뀌고, 자신에 대한 생각이나 마음가짐이 달라져도 검사 결과가 변할 수 있다. 친구와 다퉜어도, 시험을 잘 쳐 기분이 좋아도 결과가 충분히 달라질 수 있다는 뜻이다. 심지어 근래의 컨디션이나 오늘의 날씨 같은 것에도 영향을 받기 일쑤다. 게다가 MBTI는 내가 원하는 유형으로 그때그때 결과를 바꿀 수도 있다.

이처럼 검사할 때마다 결과가 달라지기도 하고, 의도하는 대로 결과를 바꾸기 쉽다면 인간의 성격을 측정하는 도구로서는 자격이 부족하다고 보아야 한다. 신뢰도가 떨어져 결과를 믿기 어려운 것이다.

또한, MBTI는 그 문항의 내용이 사람의 성격에 관한 설명으로 이루어져 있다고 보기 어렵다. 엄밀히 말해 인간의 성격을 측정할 목적의 검사가 아니라고 보아야 한다.

MBTI는 오히려, 응답자가 자기 자신이 어떤 성격의 사람이길 원하는지를 보여 주는 가벼운 테스트에 가깝다. 실제로 내향적인 사람도 자신을 스스로 외향적인 사람이라고 생각하고 응답하면 E(외향형) 점수가 높게 나온다. 나는 T(사고형)이지만, 정서적인 사람으로 보이고 싶다는 마음으로 검사하면 F(감성형)의 점수를 높게 받는다.

그래서 MBTI는 성격을 '측정'하는 검사라기보다 '자기 이해 검사'로 보는 편이 더 맞다. 우리는 MBTI의 결과로 내가 생각하는 내 모습, 혹은 다른 사람들이 나를 그렇게 바라봐 주었으면 하는 모습을 알게 되는 것이다. 누군가가 자신을 "저는 ENFP 유형입니다"라고 소개한다면 ENFP의 특성을 가진 사람으로 자신을 봐 달라는 뜻이라고 해도 과언이 아니다.

인간의 성격은 단일한 구조로 이루어져 있지 않다. 또한 성격이라는 용어는 지성, 능력, 정서, 관념, 습관, 태도, 신체적 특징 등 아주 많은 요소를 포함하고 있다. 그야말로 매우 포괄적이면서 다의적이기 때문에 그 개념을 간략히 이야기하는 것은 불가능하다는 전제가 필요하다.

또한 사람의 성격은 짧은 시간에 형성되지 않으며, 가지고 태어난 특성만으로 결정되지도 않는다. 쉽게 바뀌지는 않지만, 그렇다고 일평생 변하지 않는다고 말할 수도 없다. 성격은 태어나면서부터 주어진 환경과 상호 작용을 하면서 성장하고, 성인이 된 이후에도 끊임없이 발전하면서 비로소 일관성을 갖추게 되는, 개인의 고유한 심리적 특성이다.

내가 무척 좋아하는 동료 선생님은 말씀이 꽤 많은 편이다. 단순히 수다스러운 것과는 차원이 좀 다르다. 매사에 설명이 세밀하고 상대방이 알아듣기 쉽도록 친절히 표현하느라 말수가 많아진다고 해야 더 맞는 것 같다.

선생님과 마주 앉으면 대화가 끊임없이 이어지지만 정작 나는 심플하게 반응하고 대답하면 될 뿐, 큰 부담이나 피로

무사히 어른이 될 수 있을까

가 없다. 그야말로 거저먹기 식의 담소다. 내향적인 내가 선생님과 이야기를 나누면 소통을 온전히 누리는 느낌을 받는다.

그렇다면 선생님은 외향적인 분인가? 그렇지 않다. 선생님도 타고난 내향인이다. 내향적인 사람은 으레 말수가 적은 편이고, 대화에서 수동적으로 반응하기 일쑨데 선생님은 전혀 그렇지가 않다. 그래서 더욱 특별한 사람이라는 생각이 들었다.

"선생님, 선생님께선 어릴 때부터 이렇게 말씀을 잘하셨어요?"

"고은 씨, 내 동생이 그러더라고. 언니가 언제부터 이렇게 말이 많아졌는지 생각해 보니까 결혼하고 얼마 지나지 않아서부터인 것 같대. 내 남편이, 말이 극도로 없는 사람이거든. 웬만한 대답도 잘 안 해서, 어떤 상황에선 사지선다형 보기를 주기도 해. '1번, 같이 나간다. 2번, 애들만 데리고 나간다. 3번, 우리만 나간다. 4번, 아무도 나가지 않는다.' 이렇게. 그러면 남편이 대답하기 쉽고 비로소 소통도 되니까."

동생 분의 증언에 따르면, 선생님은 어릴 때 매우 조용한 아이였고 지금 같은 선생님 모습은 전혀 상상도 할 수 없을 정도의 성격이었다고 한다. 사람은 뼛속까지 사회적 동물이라 필연적으로 서로 영향을 주고받을 수밖에 없다. 곁에 있는 사람으로 인해 인간의 성격이나 모습이 어디까지 변모할 수 있는지는 잘 모르겠지만, 선생님의 남편은 아내를 잘 만난 복이 참 많은 분이라는 건 알겠다.

사춘기 묻은

느낌

2   청소년의 뇌는
          아직 성장 중

✦

      학교에 다녀오면 묻어오는 건 운동장의 먼지만이 아닌 모양이다. 오늘 '과학 시간'에 있었던 일이 자꾸 떠올라 도무지 잠을 이룰 수가 없다. 아무리 털어도 털리지 않는 말[言]의 먼지. 먼지는 결국 이불 속 잠자리까지 따라온다. 눈을 감아도 떠도, 애써 다른 생각을 떠올리려 해도 기어이 그 장면으로 되돌아와 곱씹게 된다.

      이게 다 과학 선생님 때문이다. 수업 시간에 과학 실험 도구들을 잔뜩 안고 들어오시더니 갑자기 1분단 맨 앞에 앉은 사람부터 차례로 나오라고 하셨다. 지정받은 실험 도구를 알맞게 다루는지 보는 게 오늘 수업 내용이라는 말을 덧붙이셨다. 물론 어렵고 복잡한 건 아니었다. 용수철저울로 추의 무게를 달거나, 알코올램프의 불을 켰다가 끄거나, 메스실린더에 물을 붓거나 하는 식이었다. 아주 기본적인 실험 도구를 배운 대로 잘 다루는지 확인해 볼 작정이셨던 것 같긴 한데 문제는, 우리가 보는 앞에서 점수를 매겨 채점하셨다는 거다.

예고 없이 벌어진 과학 수행 평가에 반 분위기가 순식간에 얼어붙었다. 여기저기서 징징거리는 소리가 퍼지기 시작했다. 나도 못마땅한 마음을 어찌하지 못해 속으로 구시렁거렸다.

'아 완전 짜증 나, 선생님 너무해.'

티 나지 않게 다리를 달달 떨면서 내 차례를 기다렸다. 불안한 눈빛으로 친구들이 하는 걸 유심히 지켜봤다. 어떤 친구는 그럭저럭 해내고 자리로 돌아갔고 또 몇몇은 그저 얼렁뚱땅 머리만 긁적이다 말곤 했다. 과학 수행 평가는 기대만큼 순탄치 않아 교실 곳곳에서 한숨 소리가 새어 나왔고 금세 어수선해졌다. 그러다 결국 울음을 터뜨리는 친구가 생기고 말았다.

내내 긴장하고 초조해하던 유미는 생각대로 해내질 못했는지 자리로 돌아오며 울먹였다. 참았던 울음이 터진 듯 딸

꾹질로 어깨가 흔들리기까지 했다. 유미의 얼굴을 보는데 나도 울음이 터질 것 같았다. 특히나 지금 우리는 '평가'에 예민해서 만족스럽지 못한 결과에 아무렇지도 않기란 어려운 상황이었다. 작은 일에 서러운 울음이 터지는 유미의 마음을 나는 백번 이해할 수 있었다.

'울지 마, 유미야. 괜찮아. 별일 아니야.'

분명 유미에게 그렇게 말해 주고 싶었다. 그런데 의도치 않게 내 입에선 비난조의 혼잣말이 새어 나가고 말았다.

"왜 저래. 울 일도 많다."

느닷없는 내 말에 나도 흠칫 놀랐다. 나도 울까 봐, 나도 울 것 같아서 나온 소리였다. 안타까운 마음에 한숨을 쉬며 뱉은 말이 어쩌다 그렇게 나와 버렸다. 유미가 내 혼잣말을 들었는지 힐끗 흘겨보는 시선을 느꼈다.

곧 내 차례가 됐다. 선생님이 용수철저울로 지정하는 추의 무게를 달아 보라 하셨다. 어려운 게 아닌데 저울 고리에 추를 다는 것부터 마음처럼 되질 않았다. 손을 떨어서 저울의 눈금이 심하게 흔들려 대답도 정확히 하지 못했다. 이어지는 선생님의 질문이 잘 들리지 않아 눈만 껌뻑거렸다. 속으로 '망했구나!' 싶었다. 절망감에 울음이 터지기 일보 직전이 됐다.

침울해진 얼굴을 하고 자리로 돌아가는데 유미가 기다렸다는 듯 나를 툭 건드렸다.

"야, 이고은. 너도 울 것 같지? 울고 싶지?"

원망과 비아냥이 섞인 유미의 말이 가슴에 박히는 순간이었다.

'그러게, 미안해'라고 곧장 사과했어야 했는데, 놀란 마음에 타이밍을 놓쳐 버렸다. 경솔했던 내 말과 행동이 후회되면서도, 유미의 반응에 오히려 마음이 상해 그 말이 귓가에서 윙윙 맴돌았다. 집으로 가는 발걸음이 무거웠다. 군것질이고 뭐고, 물 한 모금도 마시고 싶지 않았다.

불을 끄고 누운 지 한참인데 쉽게 잠이 오지 않는다. 과학 시간에 있었던 일이 떠올라 속상하다. 별일도 아닌, 지나면 아무것도 아닌 일임에도 그때의 상황과 기분이 꼬리에 꼬리를 물고 나를 괴롭혔다. 지켜본 친구들이 모두 나에게 실망했겠지, 내일부터 유미와 눈이 마주치면 어떤 표정을 지어야 할까, 유미가 나를 영원히 나쁜 사람으로 기억하면 어쩌지. 아무래도 지구의 자전 속도에 문제가 생긴 것 같다. 나를 해칠 기세로 도는 느낌이다.

얼마 전엔 세진이와 점심을 먹고 나무 그늘에서 바람을 쐬고 있었다. 그런데 그날따라 세진이가 우리 둘 이야기는 하지 않고 자꾸만 윤주 이야기를 했다. 윤주가 마음에 든다고, 공부도 잘 하는데 예쁘고, 얼마 전에 보니 운동 신경도 좋은 것 같다고, 그런 친구 참 부럽지 않느냐고. 세진이는 내가 정말 좋아하는 친구고 나는 아직 윤주에 대해선 잘 모른다. 온전히 둘이서만 시간을 보내고 싶은데 다른 친구 이야기가 우리 사이에 끼어드는 것 같아 괜히 울적해졌다. 세진이에게 서운하다.

나는 그 순간, 세진이가 윤주를 어떤 친구로 생각하는지가 아니라 나를 어떻게 생각하는지 궁금했다. '나는 어떤데? 나는 어떤 거 같아?' 하고 솔직하게 물어보고 싶었지만 묻지 않았다. 그런 질문이 괜한 질투로 여겨질까 봐 두려웠다. 특히 내가 좋아하는 세진이에게 속 좁은 사람처럼 보이기 싫었다.

중학생이 됐지만, 여전히 주변 사람들의 반응에 예민하고 누군가가 나를 비난하거나 싫어하는 일이 생길까 봐 조마조마하다. 사실 질투가 나고, 기분이 나쁘고, 수시로 짜증이 차오른다. 마음만큼 해내는 것이 없어 걸핏하면 울고 싶다. 하지만, 누군가에게 아주 괜찮은 사람으로 보이는 것이 더 중요해서 솟구치는 기분을 애써 꾹꾹 누른다.

사춘기는 감정의 힘이 무척 셀 때다. 사소해 보이는 자극을 받아도 경우에 따라선 삶을 끔찍한 영화처럼 느끼기도 하고 근사한 드라마처럼 여기기도 한다. 마음이 천국과 지옥을 자주 오가는 때가 바로 사춘기다.

인간의 감정은 우리 뇌의 편도체amygdala라는 영역의 작용과 관련되어 있다. 특히 공포나 분노, 두려움과 같은 가장 기본적인 감정을 느끼는 데 편도체가 깊게 관여한다.

감정은 나에게 상황을 알아차리라고 보내는 '신호'에 해당한다. 불안이나 두려움과 같은 감정은, 위험을 가장 빠르게 알려 주는 '마음의 경고등'으로 이해하면 된다. 이처럼 사람의 뇌는 주어진 자극에 마땅한 감정으로 응답하도록 설계되어 있다. 따라서 우리가 느끼는 감정은 그게 무엇이든 매우 타당하다.

다만 감정이 생긴다고 해서, 그 기분을 함부로 표출하거나 부적절하게 대응하는 것은 다른 문제다. 우리 대부분은 화가 난다고 아무 곳에서나 마구 소리를 지르거나 주변 사람에게 주먹을 휘두르는 분별없는 행동은 하지 않는다. 이건 우리 뇌의 전두엽frontal lobe이라는 영역이 편도체의 활성화 정도를 적당하고 적합하게 조절해 주어서 가능하다. 그런데 전두엽은 편도체에 비해 성장이 더디다. 특히 전두엽의 가장 앞부분에 해당하는 전전두엽은 성인이 된 이후까지도 자란다.

청소년의 전두엽은 여전히 성장하는 중이어서, 편도체를 온전히 통제하지 못하기도 한다. 그래서 간혹 감당하기 어려운 감정에 휩싸인다. 생각과 감정이 균형을 이루지 못하다 보니 심하게 우울하거나 지나치게 불안해지기도 하고, 아무것도 아닌 일에 화가 난다. 아무도 하지 않은 비난을 혼자 감당하거나 피해의식을 느끼는 일도 다반사다. 복잡한 세상을 받아들이기엔 청소년의 뇌가, 즉 마음이 아직은 버거워서 그렇다.

시간이 지나 나이가 들고 성인이 되었어도 내 마음을 어찌하지 못하는 날들은 여전히 많다. 의연하고 성숙하게 세상을 받아들이는 일은 성인이 되어도 쉽지 않다. 어쩌다 기분이 처지고 가라앉기라도 하면 몸이 고단해서 그렇다는 생각은 하지 않고, 불필요하게 불안에 떤다. 무심결에 실수를 한 건 아닌지, 내가 무얼 잘못한 건 아닌지, 그래서 사람들이 나를 싫어하는 건 아닌지, 근거 없는 걱정에 이리저리

휘둘리게 된다.

    십 년 전, 수업하던 대학의 종강 날이었다. 강의실을 나서 복도를 걷는데 한 학생이 차분한 목소리로 나를 불러 세웠다. 학생은 하트 스티커가 붙은 예쁘장한 편지 봉투를 쑥스럽게 내밀고선 이내 빠른 걸음으로 나를 앞질러 후다닥 가 버렸다. 봉투 모퉁이에 야무지게 눌러 쓴 '팬레터'라는 글씨가 보였다.

    학생이 준 편지는 "한 학기 동안의 멋진 강의 덕분에 진로를 결정하게 되었습니다"로 시작했다. 뒤이은 "심리학 대학원에 진학하려고요"라는 문장에선 '얘, 그건 아니야, 부디 제발 다시 생각하렴'이란 혼잣말이 나도 모르게 튀어 나왔다.

    따뜻한 편지에 심장이 채 데워지기도 전에, '선생님의 인생이 부럽다'는 표현이 묘하게 나를 찔렀다. 물론 좋은 의미로 쓴 말일 거다. 그러나 그때 내가 생각하는 내 삶은 학생의 말을 있는 그대로 받아들이기엔 힘에 부쳤다. 편지지를 접어 다시 봉투에 넣은 뒤 책상 서랍 깊숙이 보이지 않는 곳으로 밀어 넣었다. 마음이 책상 서랍 모서리보다 더 뾰족하게 느껴졌다.

    고백하자면, 당시 나는 초짜 강사에 불과했다. 심리학 연구에 능통한 사람도, 실력 있는 전문가도 아니었다. 교양서를 읽고 얻은 얕은 지식들을 마치 내가 정통한 것마냥 포장해서 전달했다. 행여나 어디선가 '실력도 없으면서 나댄다'는 말이라도 나올까 봐, 온몸에 날을 세워 가며 고군분투했다. 강의가 그럴듯했다 싶은 날엔 바닥에서 5센티미터쯤 붕붕 떠서 걷다가, 어딘가 조금이라도 마음에 들지 않으면 접시 물에 코라도 박았으면 싶었다.

당시 학생 눈에 비친 그 '부러운' 모습은, 나의 허영과 학생의 선망이 만들어 낸 허상이었다. 나도 정말 힘들게 버틴다는 것을 알아 줬으면 하는 마음과, 내 부족함을 절대 들키고 싶지 않은 마음이 뒤엉켜 지내던 시절이었다. 학생의 따뜻한 마음도 온전히 받아 고마워할 줄 모를 만큼, 그때 나는 지나치게 사납고 미성숙했다.

다만 이제는 이런 마음이, 지금 내가 힘든 상황에 놓여 있고 그래서 신호를 보내는 것이라고 생각해 볼 수 있게 되었다. 힘들긴 하지만 내 마음이 나를 지키느라 애쓰고 있다는 것을 알아차리고 나면, 다시금 마음을 일으켜 세워 볼 힘이 생긴다.

완전하고 완벽하기란 불가능하다는 것을 알고, 기대치를 낮추고 포기할 줄도 아는 것은 우리 뇌가 삶의 균형을 맞추기 위해 끊임없이 노력하고 있다는 증거다.

　아주 훤칠하게 잘생긴 남학생 한 명이 교탁 바로 아래 좌석에 앉아 강의를 듣는다. 수업하러 강의실에 들어가면 거의 매번 이 학생이 교탁 밑에서 웃는 얼굴로 나를 보고 있다. 학생은 수업 시간 내도록 싱글거리지만 가장 환하게 웃을 때는 강의가 끝나고 내가 교탁을 정리할 때다. 이 녀석의 밝은 표정 때문에 나도 따라 슬며시 미소를 짓게 된다.
　'녀석, 보는 눈은 있어 가지고.'
　어리고 잘생긴 학생에게 달달한 시선을 받으니 감개가 무량해지려 한다. 요즘 내가 느끼는 은밀한(?) 기쁨이랄까. 옛날에 〈로망스〉라는 드라마가 있었다. '너는 학생이고, 나는 선생이야!'라는 명대사를 낳은 드라마로, 배우 김하늘이 선생이었고 김재원은 학생 역으로 출연했다. 그러고 보니 교탁 밑에 앉은 학생이 배우 김재원과 좀 닮은 것도 같았다. 나는 속으로 흐뭇한 상상을 하며 혼자 즐거워했다.
　오늘도 강의를 마무리하고 교탁을 정리하는데 이 학생이 어김없이 나를 보며 웃었다.
　"왜 그렇게 웃어요? 뭐가 그리 재밌어? 나도 같이 웃자."
　처음으로 학생에게 눈을 맞추며 말을 걸었다. '예쁘세요',

'강의 너무 잘하세요' 같은 설레는 멘트가 날아오면 어떡하나 잠깐 고민했다. 얼굴이 빨개질까 봐 걱정도 됐다. '눈이 높구나?', '나도 알아' 정도로 대답하면 덜 어색하겠지 하는 즐거운 상상도 잠시, 학생이 밝은 얼굴로 "너무 웃겨서요"라고 답했다.

이게 무슨 말일까. 뭐가 웃기다는 걸까. 웃기게 생겼단 말은 살면서 들어 본 적 없고, 강의 중 우스운 멘트는 일절 날리지 않는데 뭐가 웃기다는 거지? 내가 의아하다는 표정을 지어 보이자 학생이 말을 이었다.

"아, 그게요. 선생님, 왜 키보드 서랍을 항상 몸으로 밀어 넣으세요? 진짜 웃겨요. 좀 전엔 옆구리로 미셨어요."

웃참을 실패한 학생이 깔깔깔 소리를 내며 정신없이 웃기 시작했다. 학생의 시선을 피하며 당황하지 않은 척했지만, 손에 든 교재를 떨어뜨릴 뻔했다. 교재와 출석부를 양손으로 드느라 그랬던 모양인데 나는 내가 그러는 줄 몰랐다. 학생 덕분에 내게 별 희한한 습관이 다 있다는 것도 알게 됐고 선생 체면도 말이 아니게 됐다.

훈훈했던 학생의 미소는 내 미모(?) 때문이 아니라 몸 개그 때문이었다. 착각은 아무리 자유라지만 나는 여태 누가 알까 겁나는 상상을 하고 있었다. 학생은, 잘생긴 줄 알았는데 다시 보니 뭐, 그저 그런 평범한 외모다.

내게 무안을 준 야속한 이 학생의 이름을 기억했다가 학점을 확 깎아 버릴까 하는 생각이 들었다. 불량한 수업 태도를 명분으로 삼는다면 부당한 것도 아니라며 계획이 꽤 치밀해지려 한다. 강의에 집중하지 않고 엉뚱한 내 모습이나 보고 있었으니까. 하지만, 아무리 그래도 기분에 치우쳐 그릇된 판단을 해서는 안 되는 일이다.

'정신 차리자. 나는 '으른'이니까.'

우리 반
합창 연습

3   정서 기억은
어떻게 만들어질까

✦

　　서른 명이 넘는 여중생들이 동시에 울기 시작했다. 몇몇이 조금씩 훌쩍인다 싶더니 이내 반 전체가 울음바다가 됐다. 서로 부둥켜안고 엉엉 우는 아이들이 있는가 하면, 목이 멜 만큼 꺼이꺼이 요란하게 울어대는 친구도 있었다. 누가 보면 진짜 나라를 잃었거나 초상이라도 난 줄 알았을 거다. 물론 나도 같이 울었다. 중학교 1학년, 단풍이 한창이던 어느 가을날이었다.

　　순식간에 교실이 울음바다로 변한 건 아림이가 울먹이며 한 이야기 때문이었다. 어젯밤 할머니 제사를 모시는 내내 마음속으로 빌었다고 한다. '우리 반이 음악회 예선에 통과하게 해 주세요. 잘 해낼 수 있게 해 주세요. 할머니 지켜봐 주세요.' 아림이는 절할 때마다 간절히 기도했다고 했다. 그러면서 또 한 가지 이유를 얘기하며 엉엉 울기 시작했는데 다름 아닌 고은이, 나에게 미안한 마음이 들어서라고 했다.

나는 오늘 아침부터 배가 좀 아팠다. 다른 것 때문이 아니라 그냥 '과민성 대장 증후군' 탓이다. 조금만 신경 쓰이는 일이 있으면 예민해지곤 하는데 그날도 아침부터 배가 편치 않았다. 내 안색이 안 좋아 보였는지 아림이가 어디 아프냐고, 괜찮냐고 물었다. 내가 웃는 얼굴로 괜찮다고 했지만 내도록 걱정하고 있었던 모양이다.

"그동안 고은이가 고생 많이 했잖아. 오늘 아픈데도 열심히 해 줬는데, 미안하잖아."

딸꾹질이 섞인 아림이의 말이 끝나자 여기저기서 또 울음이 터졌다. 우리는 그렇게 한참을 같이 엉엉 울었다.

중학교의 가을은 행사가 많았다. 축제도 있었고 체육 대회도 하고 음악회도 열렸다. 어떤 날은 하루 종일, 또 어떨 땐 며칠간 수업이 없기도 했는데 그 이유만으로도 이런 행사는 꽤 신나는 일이었다. 물론 행사를 위해 준비해야 할 것도 많았다. 그중 하나가 합창 연습이었다. 각 학년별로 예선전을 벌인 후 통과한 반만 음악회 무대에 서게 된다고 했다. 우리 학교 음악회는 나름대로 전통이 있다고 들었다. 학부 모들과 다른 학교 사람들도 많이 오는 유명한 행사라고 했다. 대단한 상을 받는 것도 아니고 큰 상금이 걸린 것도 아니지만 잘 하고 싶었다. 우리 반이 음악회 무대에 설 수 있으면 정말 좋겠다고 생각했다.

지휘는 합창단 출신인 자영이가 맡았고, 피아노 학원을 다니던 내가 반주를 하기로 했다. 지정곡은 〈에델바이스〉였다. 우여곡절 끝에 자유 선택 곡은 폴란드 민요 〈아가씨 들아〉로 정했다. 좌충우돌하며 파트를 나눈 뒤 무대 배열을 맞췄다. 처음 합창곡을 불러 보던 날엔 모두가 키득키득 웃느라 에델바이스가 코스모스처럼 흔들렸다. 그래도 모두 즐거워했다.

주어진 시간은 한 달. 힘든 일이 없었던 건 아니었다. 피아노가 있는 음악실이나 강당을 차지할 수 있는 기회가 드물어서, 나는 매일같이 멜로디언을 들고 등교했다. 지휘자인 자영이는 연습하는 동안 집중하지 않고 장난만 치던 친구들에게 눈을 흘기며 화를 냈고 몇 번은 울기도 했다. 학원을 가야 하는데 방과 후에 남아 연습하는 건 좀 아니지 않느냐는 말을 시작으로 '그럴 거면 빠져라', '그냥 다 그만두자'라는 험한 말이 오가는 걸 지켜보다, 결국 내가 울어 버린 날도 있었다. 하지만 그렇게 며칠이 지난 뒤 우리는 청소를 하면서도, 쉬는 시간에도, 체육 시간에 운동장을 돌면서도 합창곡을 흥얼거렸다. 누군가 무심결에 노래를 시작하면 자동으로 화음을 넣었고 〈아가씨들아〉의 후렴구인 '트랄 랄랄라'를 같이 부르며 웃었다. 그렇게 화음과 마음을 맞추는 날들이 이어졌다.

예선전 당일, 무대에서 합창을 시작하는데 우리 반 합창 소리가 너무 작게 들리는 것이 아닌가. 모두가 긴장한 탓인 듯했다. 친구들에게 고개를 돌려 "크게, 크게"라며 입 모양으로 사인을 보냈다. 지정곡 후반부와 선택 곡은 꽤 잘 불러 무사히 무대를 마쳤다고 생각했는데, 우리 반은 결국 예선에서 탈락했다. 심사위원 합산 점수가 옆 반인 3반보다 근소하게 부족했다. 결국 1학년 대표로 3반이 음악회 무대에 오르게 됐다.

"우리끼리 돈 모아서 내일 햄버거 먹을까?"
반장이었다. 반장의 제안에 울음바다가 된 교실에 다시 웃음꽃이 보송보송 피어나기 시작했다. 결과야 어찌 되었건 우리끼리 뒤풀이도 하고 좋은 시간을 보내자는 뜻이었다. 그 영리한 생각에 뒤질세라 한 친구가 말했다.

"자영이랑 고은이한테는 돈 받지 말자."

내가 놀란 눈을 뜨며 허리를 곧추세우자, 그 옆에 앉아 있던 다른 친구가 말했다.

"서른세 개 주문하면 두 개 정도는 서비스로 끼워 주실걸?"

반 친구들이 함께 웃었다. 나는 또 울컥했다.

화음을 맞추고 마음을 포개는 동안 우리 모두는 아주 가까워지고 친해진 것 같았다. 오선지의 음표들처럼 마음도 연결되고 이어지게 된 걸까. 서로 안타까워하며 미안해하는 마음이 소중해서, 그래서 우리는 함께 울었다. 우리만의 귀한 추억이 생겼다는 그 마음이 모두 다르지 않다고 느꼈다. 합창곡 가사 그대로, 에델바이스는 '우리들의 자랑'이고 '마음속의 꽃'이었다.

크게 특별할 것도 없는 중학교 1학년 시절의 합창 연습 에피소드가 25년이 흐른 지금도 이토록 또렷하게 기억나는 이유는 무엇일까. 어쩌다 길에서 중학교 여학생들을 보거나 어스름이 내릴 무렵의 학교 정취를 떠올리면, 문득 엉엉 울다 웃던 그때의 정서가 다시금 일렁이곤 한다. 우리 반 합창 연습의 기억은 누군가에게 말하기엔 무척 사소하고 평범할 수 있지만 나에겐 그 어떤 경험보다 애틋하고 귀하다.

나는 2023년, 20대 초반 성인 남녀 43명에게 중고등학생이었던 청소년 시절을 통틀어 가장 기억에 남는 일은 무엇이며, 왜 그 일이 가장 인상적인지를 물었다.

설문 응답에는 흥미로운 점이 있었는데, 참가자들이 기억하는 에피소드의 공통점은 다름 아닌, 무엇인가를 '함께한 경험들'이었고, 당시에 느낀 '강렬한 정서'가 오래 기억하는 이유로 분석됐다.

예컨대, '중2 체육 대회 때 반 대항 줄다리기를 잊을 수 없는데, 이겼을 때의 환호가 여전히 짜릿해서'라거나 '기숙사에서 친구들과 몰래 시켜 먹은 치킨 맛을 잊을 수 없고, 숨

죽여 재빨리 먹었던 그 순간의 긴장감 덕분에 생애 최고의 치킨 맛을 느꼈다'는 식이었다. 시험을 잘 쳤는지 어땠는지는 기억나지 않지만 그날 아침에 엄마가 꼭 안아 주셨던 기억을 잊지 못한다고 응답하는가 하면, 현장 학습 장소는 어디였는지 모르지만 단짝 친구와 잡고 다닌 손의 온기를 기억한다고도 했다.

우리는 삶에서 대단한 성취나 눈에 띄는 결과, 유익한 정보를 기억한다기보다 사소했지만 함께였던, 평범했지만 따뜻했던 기억들을 더 오랫동안 붙잡는다. 비록 음악회 예선에서 탈락하고 말았지만, 친구들과 함께 나눈 그때의 정서가 내게 여태 소중하고 애틋하듯 말이다.

인간의 기억이 이런 특성을 갖는 이유를 우리 뇌의 구조와 원리를 통해 이해해 볼 수 있다. 해마hippocampus는 뇌에서 기억을 관장하는 대표적인 영역이다. 시각, 청각, 촉각, 미각과 같은 감각은 대뇌 피질cerebral cortex에 입력되는데, 그렇게 입력되고 저장된 감각 정보는 해마로 전달된다. 감각 정보를 수렴한 해마는 여러 가지 정보들을 감각 정보와 통합해 오랫동안 기억할 수 있는 형태로 만들고, 필요할 때 잘 떠올릴 수 있게끔 해 준다. 특히 해마는 새로운 것을 배우거나 특별한 경험을 할 때 가장 적극적으로 움직인다.

이렇게 학습과 기억에 중요한 역할을 하는 해마에게는 정면에 딱 붙어 긴밀하게 상호 작용하는 특별한 부위가 있는데, 바로 앞서 살펴본 편도체다. 편도체는 감정과 느낌을 촉발해 우리의 정서를 관장하면서 동시에, 해마 속으로 '감정'의 신경 세포들을 계속해서 엮어 넣는 역할을 한다.

이처럼 해마와 편도체가 서로 연결되어 있기 때문에 기억과 정서는 필연적으로 함께 움직이고, 우리의 기억은 단순한 정보가 아니라 감정이 개입된 '정서 기억'으로 간직된다. 그날의 온도, 습도, 냄새, 풍경을 기억하는 건 그날 느낀 '기분'이 강렬하고 특별했다는 뜻이다. 즉 그날 느꼈던 특별한 마음을 오래오래 간직하라고 편도체와 해마가 손을 맞잡고 임무를 수행해 준 것이다.

어느 날엔 마음에 요철이 돋아 세상도 사람도 다 싫어질 때가 있다. 그럴 때면 오래전 가을의 합창곡 선율을 애써 끌어내 두둥실 떠올려 본다. 선율처럼 곱고 여렸던 추억에 젖으면, 쓰고 마른 입에 숨겨 둔 사탕 하나를 꺼내어 문 듯 달콤하고 관대해진다. 여전히 비틀대고 불안정하지만 그럼에도 삶의 발걸음을 지탱할 수 있는 건 이런 소중한 기억들 덕분이다.

무사히 어른이 될 수 있을까

'한 학기 수업을 통틀어 가장 기억에 남는 내용이 있다면 이를 문제로 만들어 답해 보시오.'

기말고사 마지막 문제를 좀 특별하게 만들어야겠다고 생각한 건 이번 학기가 여느 때와 달리 유독 힘들었기 때문이다. 상황도 조건도 따라 주지 않던 시간이었다. 아직 남은 팬데믹의 여파로 수시로 공문이 쏟아졌고 출결 외에 챙겨야 할 업무가 많아 애를 먹었다.

설상가상으로 이번에 맡은 교과와 교재는 유별나게 어려운 데다 강의실도, 강의 시간대도 마뜩잖던 터였다. 여러모로 의욕을 잃었던 나는, '수업하러 가기 싫다' 소리를 속으로 족히 백만 번은 했던 것 같다.

물론 힘든 건 비단 나뿐만이 아니었을 거다. 어쩌면 수업을 듣는 학생들이 더 힘들었을 텐데 모두의 적극적인 협조와 성실한 태도 덕분에 한 학기를 무사히 마무리할 수 있었다. 학생들에게 정말 고맙고 많이 미안했다.

마지막 문제는, 한 학기 동안 수고한 학생들에게 건네는 인사이자 선물이었다. 비록 공부는 어려웠어도, 그동안 많은 것을 배웠다는 걸 능동적으로 깨닫길 바라는 마음이었다. 기억에 남는 게 의외로 많다고 느끼면 지나온 시간을 스스로 뿌듯해할 수 있을 테니까.

학생들에겐 어떤 수업 내용이 인상적이었을까 내심 궁금하고 기대가 됐다. '열심히 예를 들어 설명했던 '강화 계획'의 종류? 새롭게 알게 된 '편견'에 관한 실험? 반전이 담긴 '조건 맛 혐오' 이야기?' 잔뜩 부푼 가슴을 안고 채점을 시작했으나 머지않아 내 입에선 육성으로 탄식이 터지고야 말았다.

'선생님께서 삑사리 완전 크게 내셨던 단어는 무엇인가?'

'선생님이 컴퓨터에 머리를 부딪쳐 모니터가 잠깐 꺼졌던 날에 진도 나간 단원은 몇 단원인가?'

'선생님께서 PPT도 안 띄우고 한참 수업하시다 깜짝 놀라셔서 다 같이 웃은 날엔 무엇을 배웠는가?'

대관절 이 녀석들은 내 수업을 어디로 들었던 걸까. 길고 긴 학기 동안 가장 기억에 남는 순간이 열심히 배운 학습 내용이 아니라 내가 어설프게 실수하던 순간이라니. 그러고 보니 수업 시간에 그런 일들이 있었던 것 같긴 하다. 그러면서 와르르 다 함께 웃었다.

학생들이 기억하는 순간들이 하필 내가 간절히 잊어 주길 바라는 장면들이라 심란하기 짝이 없으나 그래도 어쩌랴. 기억은 각자의 몫인걸. 출제 의도에서 벗어난 재기 발랄한 답변들 때문에 연신 실소가 터졌다.

무사히 어른이 될 수 있을까

학생들이 한 학기 동안의 수업을 이런 식으로 엉뚱하게만 기억할 리는 만무하다.(아, 제발) 강의가 재밌고 즐거웠다고, 이 시간이 지겹지만은 않았다는 것을 이렇게 표현해 준 것이리라. 어찌 되었건 한 학기 수업이 먼 훗날 문득 피식 웃게 만드는 기억이 되어 준다면 더 바랄 게 없겠다. 그것으로 수업의 의무는 다한 셈이니까.

무사히 어른이
되기 위해 필요한 것

4 　　　도덕성,
　　　인간만이 지닌 중요하고 특별한 능력

✦

　　　　　중학생이 되어 처음으로 '시험 기간'이라는 특별한 시기에 접어들었다. 중간고사 대비 시험공부라는 건 어떻게 해야 하는지 감이 잡히질 않았고, 시험을 치느라 며칠이 걸리는 이 상황도 무척 낯설었다.

　시험도 시험이지만 더 걱정되는 건, 다름 아닌 OMR 카드 작성이었다. 객관식은 컴퓨터용 사인펜으로 마킹하고, 단답형 주관식은 문항 번호에 맞춰 적으면 됐다. 정답을 길게 써야 하는 서술형은 답안지를 따로 나눠 주신다고 했다. 방법은 매우 간단하지만, 선생님들이 OMR 카드 작성할 때 실수하지 말라고 어찌나 당부하시는지 그 바람에 오히려 안 하던 실수도 할 것 같았다. 시험을 치는 매시간, 컴퓨터용 사인펜을 움켜쥐고 손을 떨었다. 확인하고 또 확인하느라 신경이 곤두서 몸이 불편할 지경이었다.

염려는 많았지만 중간고사는 그럭저럭 친 것 같았다. 마킹 실수만 없다면 만점짜리 과목이 꽤 되겠다는 생각에 매우 흡족했다. 하루 빨리 채점 결과들을 받고 싶었고 그래선지 며칠간 아침에 알람이 울리기 전에 눈이 떠졌다.

시험 결과가 나오기 시작하자 쉬는 시간마다 반장이 바빠졌다. 어떤 과목은 점수를 불러 주기도 하고, 또 어떤 과목은 점수를 부른 다음 OMR 답안지를 다시 나눠 주기도 했다. 이번에는 반장이 영어 시험 점수를 불러 주고 제출했던 OMR 카드를 나누어 주었다.

내 점수는 100점이었다. 기쁜 마음으로 OMR 카드를 만지작거리고 있는데 내 눈에 문득, 이상한 점이 발견됐다. 주관식 3번 문제의 정답은 'talk'였는데, 내가 'tolk'라고 적어 놓은 것이 보였다. 아무리 뚫어져라 쳐다보아도 'a'가 아니라 'o'였다.

어찌할 바를 몰라 다리를 달달 떨고 있는데 2분단 맨 뒷자리에 앉은 친구가 내 손에 들려 있던 OMR 카드를 걷어가 반장 손에 건넸다. 머뭇거리는 사이 반장은 교실을 나갔다. 내가 이대로 모른 척 눈 감으면 영어 성적은 100점이다. 굳이 채점이 잘못됐다며 선생님께 찾아가고 싶지가 않아졌다. 1~2점 차이로 전교 석차가 바뀔 텐데, 이 일은 나 말고는 아는 사람이 아무도 없으니까 가만히 있어도 되지 않을까. 어느새 벌렁거리던 심장도 눈치를 살핀 듯 잠잠해졌다.

5교시가 끝난 쉬는 시간이었다. 교실이 소란스러운 가운데 반장이 교실에 들어서며 나를 불렀다. 영어 선생님께서 찾는다며 교무실로 가 보라고 하는 게 아닌가. 갑자기 귀에서 '삐-' 하는 이명이 들렸다. 긴장한 얼굴로 자리에서 일어나는데 앞에 앉은 현진이가 방긋 웃으며 내게 말했다.

"100점이라서 부르시나 봐. 좋겠다."

애써 웃는 얼굴을 했지만, 편치 않은 내 마음을 알아보기라도 했을까 봐 신경이 쓰였다.

교무실 앞 복도에 OMR 카드 뭉치를 손에 든 영어 선생님이 서 계셨다. 쉬는 시간이라 교무실 앞 복도는 소란스러웠다. 주춤거리며 복도를 걷는 나를 발견한 선생님께서 내게 이리 오라는 손짓을 하셨다.

"틀렸는데 맞았다고 되어 있더라."

선생님은 채점이 수정된 내 OMR 카드 뒷면을 보여 주며 말씀하셨다. 주관식 3번의 ○표가 더 선명한 ×표로, 20점은 16점으로 고쳐 날인되어 있었다. 채점자가 수정했다는 확인 도장이었다. 최종 점수를 프로그램에 입력하다가 발견하셨다며 내게 선생님을 찾아오지 않은 이유를 물으셨다.

죄송하다는 말씀을 드려야 하는 줄 알면서, 그 순간 나도 모르게 거짓말을 해 버렸다.

"아까 점수 확인을 못 했어요. 교실에 없었어요."

복도를 지나는 누군가가 들을까 봐 아주 작은 소리로 말했다. 이내 손톱을 뜯으며 고개를 떨구었다. 심장이 튀어나오는 것 같았다.

"그래? 알겠다. 아무튼, 100점 아니고 96점이야. 가 봐."

선생님께 꾸벅 인사를 하고 고개를 드는 순간, 슬며시 웃으시는 선생님의 표정을 보았다. 추궁도 꾸지람도 안 하셨다. 선생님께선 그냥 나를 물끄러미 바라만 보셨고, 그 후 어떻게 교실로 돌아와 자리에 앉았는지 기억이 나지 않았다.

뭐라 설명하긴 어렵지만 분명 성적보다 더 중요한 무엇인가를 잃어버린 느낌이 들었다. 내 안의 어떤 부분을 오려내 절대 넘겨선 안 되는 곳에 넘겨 버린 기분이랄까. 한 학기가 다 끝나도록 영어 선생님과 제대로 눈을 맞출 수 없었다.

어느덧 중학교 3학년이 되었고 며칠 전엔 2학기 중간고사를 치렀다. 몇 개월 뒤면 고등학생이 되는데 내 몸은 여태 작고 마르고 볼품없었다. 아직 생리를 안 하는 친구는 없는 것 같은데 어쩐지 나는 아직 초경도 안 했다. 엄마는 내가 얼마 안 있어 생리도 하고 키도 놀랄 만큼 쑥 올라갈 거라 장담하셨지만 정말 그럴지는 의문이었다. 다만 언제부턴가 신체 발육 상태나 성장 속도가 자신감을 좌우하는 건 아니라고 생각하기 시작했다. 오히려 학교 성적을 좋게 유지하고, 선생님을 비롯한 주변 사람들에게 인정받고, 세상일에 대해 깊이 고민하고 있다는 감각이 삶을 더 강하게 지탱시켜 준다고 믿게 되었다. 착각에 불과할지라도 상관없었다.

이제는 가채점 결과와 시험 점수가 거의 항상 일치했다. OMR 카드 마킹 실수 따위는 언제부턴가 하지 않게 되었다. 한문 시간, 선생님이 중간고사 채점 결과를 직접 불러 주시려고 점수가 적힌 A4 용지를 펼쳐 드셨다. 우리는 얕은 한숨 소리를 탄성처럼 내뱉으며 귀를 쫑긋 세웠다.

"17번, 이가연 90점. 18번, 이고은 100점. 19번, 이지은 85점. 20번⋯⋯."

가채점으로는 분명히 한 문제 틀렸는데 이상한 일이었

다. 95점이어야 하는데 점수가 잘못 불렸다.

"점수 이상 있는 사람 없지? 오늘 진도 나가자."

선생님이 교과서를 펼치신다. 이대로 그냥 넘어가면 좋겠는데 그럼 안 되겠지. 딴생각에 잠겨 있느라 타이밍을 놓쳐 점수가 잘못된 것 같다는 말씀을 드리지 못했다. 수업 시간 내내 고민에 빠져 있었다. 그러다 결국 교실을 나가시는 선생님을 먼발치에서 뒤따라갔다.

"무슨 일이야? 왜 그래?"

"선생님, 제 점수가 좀 이상해서요. 오류가 있는 것 같습니다."

"그래? 생각하는 점수하고 달라? OMR 카드 확인해 보자."

서랍에서 우리 반 답안지 뭉치를 꺼낸 선생님께서 내 OMR 카드를 찾아 주셨다. 내가 내 시험지에 체크해 놓은 답을 부르고 선생님께서는 OMR에 마킹된 번호를 확인해 주셨다.

"20번에 3번."

"아닌데? 4번."

"예?"

"마지막 문제, 4번에 마킹했는데? 마킹 실수다야."

마지막 문제를 두고 고민을 하긴 했던 것 같다. 결국 3번으로 마킹했다고 생각했는데 4번에 마킹했을 줄이야. 눈을 동그랗게 뜨고 꼼짝 않는 나를 툭 한 대 치며 웃으신다.

"점수가 낮아서 찾아오는 놈은 봤어도 점수가 높다고 오는 놈은 또 처음이네."

맞은편에 앉아 계시던 선생님이 빼꼼 고개를 들어 나를 보시더니 한문 선생님처럼 웃으셨다.

어쨌든 결과는 달라질 것도 없었는데 그냥 슬쩍 모른 척 했어도 되는 거 아니었을까. 하지만 실수가 있었다는 걸 확인하지 않았다면 아마 내내 마음이 불편했을 거다. 한 학기가 다 가도록 선생님 얼굴을 제대로 못 봤을 정도로.

점수를 알려 주기 위해 학생들
에게 채점된 쪽지 시험지를 나누어 주었다. 만점자가 세 명
이나 된다고 말하는 내 목소리가 살짝 상기되어 있었다. 학
생들을 칭찬해 주고 싶은 마음에 톤이 좀 높아졌다. 채점된
자신의 시험지를 받아 들었을 때 들리는 탄식과 웅성거림
은 중학교 교실이나 대학교 강의실이나 별반 다르지 않다.
시험지를 받자마자 자신의 이마를 탁 치는 한 학생이 귀여
워 웃음이 절로 났다.

여러 대학을 돌아다니며 시간 강사로 일하던 때였다. 당
시 한 대학에서는 중간고사와 기말고사 이외에 여러 형태
로 다양한 평가를 해 주기를 강사에게 요구했다. 심리학 개
론 강의로 어떤 평가가 가능할지 고민하다 정기 고사 외에
한 번의 쪽지 시험과 심리 실험 참가로 교수 계획을 세웠다.
그래서 지난주엔 심리학 용어 쪽지 시험을 치렀고 채점 결
과를 오늘 공개한 것이다.

소란스럽고 어수선한 틈을 타 한 녀석이 쪼르르 나오더
니 내 앞에 시험지를 들이밀었다.

"선생님, 채점이 잘못됐어요. 맞는데 틀렸다고 되어 있어

요. 점수 고쳐 주세요."

'요 녀석 봐라?' 아무렇지도 않은 듯 당당한 목소리에 나도 모르게 인상이 찌푸려졌다. 마음이 급했는지 자신이 얼마나 크고 빠르게 말하고 있는지 모르는 눈치였다. 즉흥적으로 내뱉는 거짓말과 행동은 그렇게 티가 나게 되어 있다.

이번 쪽지 시험은 수강생 수가 적어 응시 인원이 몇 안 되기도 했지만, 학생들이 제출한 답안이 흥미로워 다른 때와 달리 매우 꼼꼼하게 채점했다. 어떤 학생이 몇 점을 받았고 어떤 문항을 틀렸는지 하나하나 지나칠 정도로 꿰고 있었다. 점수를 고쳐 달라는 이 학생의 결과도 마찬가지였다. 그래서 애석하게도 점수와 틀린 문항, 어떤 오답을 썼는지 내가 정확히 알고 있는 상태였다.

학생의 시험지를 곁눈으로 흘끔 보니 지우개로 지우고 답안을 고쳐 쓴 흔적이 선명했다. 이 녀석을 어떻게 할까 고민했다. 공개적으로 망신을 줄까. 심하게 야단을 쳐서 잘못을 바로잡아야 할까. 결단을 내려야 하는 순간이었다.

"고쳐서 나온 거 알아. 다른 학생들이 보기 전에 얼른 들고 들어가."

학생 옆에 바투 선 채 상체를 기울여 속삭이듯 말했다. 학생은 잠깐 당황하더니 이내 편의점에서 젤리를 훔치다 들

무사히 어른이 될 수 있을까

킨 어린아이 얼굴이 되었다. 그러고는 내 앞에 들이밀었던 자신의 쪽지 시험지를 몸 뒤로 슬며시 숨기며 자리로 쭈뼛 쭈뼛 돌아갔다.

'성적보다 더 중요한 게 있단다.'

학생의 뒷모습을 보며 속으로 말하는데, 교실에 없어서 점수 확인을 못 했다며 선생님께 거짓말을 했던 중학교 1학년 시절의 내 모습이 겹쳐 보였다.

어떤 대상이나 상황에 대해 옳고 그름을 판단하고, 그 판단을 기준으로 바르게 행동할 수 있는 능력을 '도덕성'이라고 한다. 인간으로서 마땅히 지켜야 하는 도리와 선악의 표준을 말하며, '된다, 안 된다', '맞다, 틀리다', '당연히, 마땅히, 반드시'와 같은 말을 사용해 상황을 판단하고 가치를 가늠한다. 사람은 신체만 성장하는 것이 아니라 마음도 성장하고 발달하는데, 도덕성은 마음이 발달하면서 획득하게 되는 인간의 유능한 능력에 해당한다.

우리가 태어나 처음부터 능숙하게 걷고 뛸 수 있는 게 아닌 것처럼, 처음부터 옳고 그름을 잘 구분하거나 부끄러움을 알고 바르게 행동할 수 있는 건 아니다. 마음은 얼마든지 서툴 수 있고, 잘못과 실수는 누구든 저지르기 쉬우며, 무엇이 부끄러운 행동인지 구별하기 어려울 수 있다. 인간의 도덕성은 학습과 경험의 도움을 받아 차츰 더 높은 단계로 성장하고, 더 깊은 능력으로 성숙해 간다.

그러나 나이가 많은 어른이라고 해서 온전한 도덕성을 갖추었다고 볼 수 없고, 성장했던 도덕성은 개인의 욕망이나 상황에 따라 다시 미성숙해지는 퇴행이 일어날 수도 있다. 따라서 도덕성은 자꾸만 반추하고 깨닫고 바로잡으면서 끊임없이 성장시켜야 하는 능력이다. 어렵고 중요하며 놓쳐서는 안 될 인간의 높은 가치이기 때문에 계속 노력해야 하는 마음인 것이다. 나는, 도덕성이야말로 인류 문명을 가능하게 해 준 인간의 특출한 능력이라는 것을 의심 없이 믿는다.

대학에서 선생으로 지내는 지금 돌이켜 보면, 중학교 때 그 영어 선생님이 모르셨을 리 없다. 어린 마음에 뻔한 거짓말을 하고 있다는 걸 선생님은 이미 훤히 알고 계셨을 거다. 아마, '이 녀석을 어떻게 혼을 낼까' 고민하시다가 미성숙한 마음을 헤아려 눈감아 주셨던 것 같다. 선생님은 선생님의 방식으로 내게 묵직한 야단을 치신 것이다.

나는 그런 주변 어른들의 성숙한 마음 덕분에 지금의 내

무사히 어른이 될 수 있을까

가 될 수 있었고, 무사히 어른이 되었다고 생각한다. 서툰 행동마다 혼이 나고 실수할 때마다 망신당하며 자랐다면 성장은커녕 반사회적인 마음에 멈춰 있지 않았을까. 세상을 무턱대고 불신하고 사람을 이유 없이 미워해 비도덕적인 행동을 일삼는, 그런 못난 인간으로 자랐을지도 모를 일이다.

크든 작든 올바르지 못한 행동을 했을 때, 이를 일깨워 줄 누군가가 존재한다는 것은 매우 소중한 일이다. 나 역시 어떤 말에는 반항심이 일었을 테고, 또 어떤 말에는 이를 신호등 삼아 바르게 걸을 수 있었을 것이다. 부끄러움을 알게 해 준 지혜로운 말들은 내 몸 속 어딘가에 잠복해 있다가 궤도를 벗어나려는 나를 붙잡아 올바른 방향으로 발을 옮기게끔 해 주지 않았을까. 쪽지 시험지를 들고 나와 내게 들이밀던 학생에게, 내 방식의 꾸지람이 훗날 '부끄러움'을 알아차리게 할 소박한 신호등이 되어 주길 빈다.

고데기와
맥주병

조명 효과를 통해 알아보는
관심과 주의의 속성

✦

아침에 머리가 못나게 뻗치는
것보다 싫은 일이 또 있을까. 반곱슬인 데다 숱도 많고 짧은
단발머리인 내 머리는, 똥손인 내가 드라이기로 다듬기엔
난이도가 너무 높다. 바쁜 아침에 머리만 만지고 있을 수도
없는 노릇이라 스트레스가 이만저만 아니다. 머리가 못생
기게 뻗친 날이면 진심으로 학교에 가기 싫어진다. 아무도
내 머리를 두고 뭐라 하지 않을 텐데 이상하게 몹시 창피하
다. 그날도 아침부터 입이 댓 발은 나와 있었는지 식탁에 앉
은 나를 본 엄마가 "고은이 입이 먼저 학교에 도착하겠다"
며 우스갯소리를 하셨다.

이런 나에게 구원의 물건이 나타났으니 그 이름도 아름다운 '고데기'였다. 며칠 전 엄마가 내게 고데기를 선물해 주셨다. 흔하지 않은 데다 비쌀까 싶어 갖고 싶다는 생각조차 못 했었다. 그런데 미용실에나 가야 볼 수 있는 그 고데기가 내 눈앞에서 반짝이고 있었다. 열판 면적도 좁고 무게도 가벼워서 내가 쓰기엔 정말 안성맞춤이었다.

머리 모양에 신경 쓰지 말고 공부에나 신경 쓰라는 꾸지람이든, 아무도 네 머리에 관심 없다는 핀잔이든, 뻗쳐도 예쁘기만 하다는 다독임이든, 그 어떤 것도 내 마음을 바꾸어 놓거나 위로하지 못했는데, 고데기는 뻗친 머리뿐 아니라 구겨진 내 마음도 곱게 펴 주었다. 이토록 신박한 물건은 내 인생에 또 없을 것 같았다. 어느새 나는 '고데기교'의 독실한 신자가 되어 갔다.

고데기를 쓴 지 일주일이 채 되지 않은 어느 날이었다. 사촌들과 함께 내 방에 둘러앉아 이야기를 나누고 있는데 어쩐지 오빠가 고데기를 이리저리 살피며 조몰락거렸다. 불길했다. 만지지 말라는 말을 하려고 입을 떼는 순간, 고데기가 파사삭 깨져 그 자리에서 박살이 났다. 순간 내 심장도 파사삭 조각나는 듯한 느낌을 받았다. 짧지만 호흡 곤란이

잠깐 왔다 간 것 같았다.

꽃으로도 사람을 때려서는 안 된다고 알고 있으나, 오랜 세월 우리 마을을 지키고 있다는 저 300년 넘은 팽나무 뿌리를 뽑아 자진모리장단에 맞추어 오빠를 흠씬 두들겨 패 주고 싶은 마음이 단전에서부터 끓어올라 왔다.

고데기로 인생을 부여잡고 있던 나에게 최대의 위기가 닥쳤다. 하지만 위기 상황일수록 정신을 바짝 차리고 이성적이어야 한다고 배웠다. 오빠는 아마도 고데기 양쪽 열판이 딱 맞물려야 한다고 생각해 본체를 힘주어 비튼 모양이었다. 딱 맞물리면 열판 사이에 놓일 머리카락은 움직일 수 없다. 그건 고데기가 아니라 집게다. 본체를 비틀 듯 주리를 틀고 싶었으나 울지 않았고 화내지도 않았다. 나는 표정 변화 없이 차가운 눈으로 말했다.

"이틀 내로 새로 사서 내 앞에 갖다 놔. 기왕이면 더 좋은 것으로 사 와. 이틀이야."

오빠는 내 얼음장 같은 표정에 질리기라도 한 듯 잠자코 고개를 끄덕였다. 함께 있던 사촌 네 명이 모두가 증인이 되어 주었다.

머리 모양 못지않게 내 마음을 불편하게 만드는 게 또 있다. 바로 내 다리 모양, 더 정확히는 종아리에 붙어 있는 알이다. 나는 요즘 종아리 모양을 매끈하게 관리하는 법에 매우 관심이 많다.

상체는 말라 밋밋한데 하체는 굵다. 키가 크든 작든 종아리가 유독 매끈한 친구들이 있는데 그 친구들 옆에 절대 서고 싶지 않다. 교복 치마 아래로 보이는 종아리 모양이 얼마나 비교될까. 하체가 굵어야 건강하다는 말은 하나도 위안이 안 된다. 굵으면 건강하겠지, 설마 쇠약할까. 하지만 나는 약할망정 예쁘고 싶다.

며칠 전, 학교에 다녀와 교복을 갈아입고 있는데 엄마가 방문을 두드리셨다. 내 침대에 조심스레 걸터앉으시더니 옆에 좀 앉아 보라신다. 낯빛을 보아하니 하루 종일 심란하셨던 눈치다.

"엄마한테는 다 말해도 된다."

무슨 뜻인지 모를 엄마의 말에 아무것도 아닌 일도 애써 숨겨야 하나 싶었다. 잘못한 것도 없는데 동공에 지진이 일었다.

"요즘 무슨 일 있어? 마음이 안 좋아? 밤에 잠이 안 와?"

"엄마 왜? 나한테 무슨 일이 있어야 해?"

"아니, 그렇다기보다……."

말끝을 흐리는 엄마가 갑자기 의심스러워지면서 머리에 반짝 불이 들어왔다.

"엄마, 혹시 나 엄마 딸 아니야? 아빠가 밖에서 낳아 왔구나? 어쩐지 오빠는 엄마를 닮았는데 나는 아빠만 똑 닮았다 했어. 그래도 친딸처럼 이렇게 아껴 주면서 키운 거야?"

엄마가 내 이마에 꿀밤을 쳤다. 가끔은 나도 내 사고의 확장 범위가 감당이 안 될 때가 많다. 오늘 엄마가 내 옷장을 열었더니 그 안에서 맥주병이 통 하고 넘어졌다고 한다. 맥주병이 왜 고은이 옷장에 숨겨져 있는지, 이 아이가 왜 벌써 술에 손을 댔는지, 무슨 일이 있으면 이야기를 하지 왜 술로 해결하려 했는지, 엄마 심장도 쿵 내려앉아 순간 눈앞이 아득해졌다며 속사포로 얘기하셨다. 내 사고 확장 능력은 아무래도 엄마를 닮은 것 같다. 내가 엄마 딸인 건 확실했다.

"해결하려고 한 건 맞는데, 마셔서가 아니라 문질러서였어요. 종아리 근육을 맥주병으로 문지르면 효과가 좋대서, 집에 맥주병이 마침 있기에."

"네 종아리가 어때서? 얼마나 예쁜데!"

모든 정황을 이해한 엄마 목소리에 웃음이 묻어 나왔다. 어린 딸이 벌써부터 술에 손을 댄 건 아니라서 안도하시는 듯했다. 엄마는 어떻게 내가 몰래 술을 마실 거라는 생각을 할 수가 있는지, 대단히 섭섭하다고 말하려는데 '내 종아리가 얼마나 예쁜 종아리인지'를 설명하는 엄마의 일장 연설 때문에 타이밍을 그만 놓쳐 버렸다. 엄마 말씀은 별로 와 닿지 않았다. 방문을 열고 나가는 엄마한테 앞으로 혹시 술을 마시고 싶으면 미리 얘기하겠다고 말씀드렸다.

지금이 '외모에 관심이 많을 나이'라고들 한다. 하지만 이 관심이 그저 지금 시기에 한정된 마음일까. '시기'를 타기는 할까. 나이가 들고 성인이 되어도 마찬가지일 거란 생각이다. 오히려 더 구체적이고 현실적인 방향으로 변할 거라고 예상한다.

핸들에 얼굴을 묻고 한참을 엉엉 울다가, 울지 않은 척 부은 얼굴을 감추려고 룸 미러를 보며 화장을 고치는 어느 영화의 여주인공 모습이 잊히지 않는다. 집에 오자마자 지우게 될 화장을 언제나 공들여 해야 하는 세상은 참 잔인하구나 싶었다.

성인이 되면 피부가 좋아진다거나 대학에 가면 살이 빠진다는 등의 이야기를 많이 들었다. 물론 그런 변화가 생길 수도 있겠지. 하지만 그런 말은 위로라기보다 희망 회로라고 해야 맞다. 공부 외에 다른 데 관심을 보이는 건 모두 염

려의 대상이 된다. 외모에 대한 관심도 예외는 아니다. 하지만 지나칠 정도의 집착이 아니라면 이런 관심은 자연스럽고 당연한 거 아닐까. 외모가 중요한 가치가 아니거나 평가 기준이 아닌 세상은 여태 본 적이 없다.

대학에 갓 입학한 20대 초반의 신입생 1,086명을 대상으로 진행한 국내 연구에 따르면, 대학 입학 전 성형 수술을 받은 학생의 비율이 여학생은 28.9퍼센트, 남학생은 2.5퍼센트였다.[1] 아울러 여학생의 16.5퍼센트와 남학생 3.9퍼센트는 여건이 된다면 성형 수술을 하고 싶고 실제로 고려하고 있다고 답했다. 이들은 중고등학생 때부터 외모에 대한 사회·문화적 기준을 높게 받아들여 고민해 왔다는 마음을 밝혔다. 또한, 중고등학생 598명을 대상으로 조사한 국내 연구 결과에서는 남학생에 비해 여학생이 외모에 더 많은 관심을 기울이는 것으로 나타났고, 신체 만족도 역시 남학생에 비해 여학생이 더 낮았다.[2] 자신의 신체에 가장 만족하지 못하는 청소년은 여자 고등학생들인 것으로 드러났다.

다른 사람을 많이 의식할수록 자신을 나타내는 중요한 척도로 '외모'를 꼽는 경향이 있다. 다른 사람들과 부대끼며 살아가는 사회적 동물인 우리는 타인을 의식할 수밖에 없다. 하지만 우리가 간과하고 있는 또 다른 중요한 마음도 있다.

인간은 다른 사람이 나에게 보이는 관심과 주목을 과대

평가하는 경향이 있다. 이런 마음을 심리학에서는 '조명 효과spotlight effect'라고 부른다. 마치 무대에서 조명을 받는 배우에게 관심이 쏟아지듯 사람들의 관심이 자신에게 집중된다고 여기는 마음이다. 조명 효과의 영향을 받으면 다른 사람들이 내 외모와 행동에 관심이 많고, 사소한 변화도 알아차릴 것이라고 생각하게 된다.

미국 코넬대학교 토머스 길로비치Thomas Gilovich 교수 연구팀은 실험 참가자에게 아주 민망한 그림이 그려진 티셔츠를 입게 한 뒤 사람이 많은 공간에 있게 했다.[3] 민망한 티셔츠를 입고 있는 실험 참가자의 반응과 그 공간에 있었던 다른 사람들의 반응을 알아보기 위해서였다.

실험 결과, 민망한 티셔츠를 입은 실험 참가자와 다른 사람들의 마음 상태가 달랐다. 실험 참가자는 적어도 그 공간에 있던 사람 중 50퍼센트 이상이 민망한 티셔츠를 알아보았을 것이라 예상하며 창피함을 느꼈다고 주장했다.

그런데 실제로 티셔츠를 알아보고 기억하는 사람은 20퍼센트에 불과했다. 어떤 사람은 티셔츠를 입은 사람이 남성이었는지 여성이었는지도 기억하지 못했고, 티셔츠는커녕 그런 사람이 있는 줄도 몰랐다고 답했다. 티셔츠를 알아본

20퍼센트의 사람들도 민망한 티셔츠를 입었다는 것을 이상하게 여기지 않았다. 그냥 알아차렸을 뿐 아무런 관심도 없었다고 답했다.

이 실험 결과는 '사람들은 생각보다 남에게 별로 관심이 없다'는 점을 보여 준다. 다른 사람들이 나에게 보일 것이라고 생각한 관심의 크기는, 내 착각이 담긴 예측치일 뿐 실제와는 차이가 크다는 것이다.

조명 효과를 확인하게 되는 상황은 생각보다 흔하다. 나는 중학교 1학년 때 수업 시간에 창피를 당한 적이 있다. 기술 시간이었는데, 선생님의 질문에 대답을 제대로 하지 못해 졸지에 웃음거리가 됐었다. 수십 년이 흐른 지금도 그때의 같은 반 친구들이 내 모습을 기억하고 있을 것만 같아 창피해지지만 그건 착각에 불과하다. 길로비치 교수 연구팀은 내 경험과 아주 유사한 상황을 연출해 실험했는데, 다른 사람의 모습을 기억하는 사람은 없었다.[4] 토론 참가자는 자신의 어설픈 발언을 다른 사람들이 모두 기억하고 있을 것이라 여겨 창피해했으나, 실제로 그 발언을 기억하거나 발언에 관심을 기울인 사람은 아무도 없었다.

조명 효과는 인간이 가진 자기중심적인 성향과 관련이

있다. 인간은 자기 자신이 하는 모든 일을 강하게 인지한다. 내가 하는 일을, 나는 모두 알 수밖에 없지 않은가. 때문에 다른 사람들 역시 나처럼 혹은 나만큼 나에게 주의를 기울이거나 나를 관찰할 것이라 착각하게 된다. 하지만 실상은 다른 사람들 역시 타인이 아니라 자기 자신에게 주의를 기울이며 산다. 내 행동에 몰두하고 집중하느라 타인의 삶에 깊은 주의를 기울이는 일이 애초에 불가능한 것이다.

창피하고 체면이 구겨지는 일에만 조명 효과를 적용할 수 있는 건 아니다. 토론 대회에서 멋지게 발언했다거나 친구들이 보는 앞에서 칭찬을 받았다거나 한 날이면, 엄청난 주목을 받았을 것이라 생각하게 된다. 그러나 실제 관심의 크기보다 더 크게, 다른 사람들이 나에게 관심을 보였을 것이라고 착각할 공산이 크다.

늘 다른 사람의 시선을 의식하다 보니 지금의 내 모습이 만족스럽지 못할 때가 많다. 더 근사한 외모를 추구하느라 그에 따른 노력을 내려놓을 수 없고, 사회적 성취에 대한 기대치는 자꾸 높아진다. 남보다 못한 나 자신이 원망스럽고, 불만과 불안만 쌓인다.

그럴 때 조명 효과를 생각해 보면 어떨까. 인간은 타인에게 쏟는 관심과 주의가 제한되어 있고 오래 머무르지 않는다. 외모든 성취든 내가 만족할 만큼 적정한 밝기로 조명을 조절하고, 편안한 밝기로 인식할 수 있다면 좋겠다. 화려하든 소박하든 내 무대의 주인공은 나 자신이니 말이다.

앞머리를 자를지 말지 한참 고민하다가 오빠에게 물었다.

"오빠, 나 앞머리를 자르는 게 예쁠까, 그냥 뒤로 넘기는 게 나을까?"

둘의 다른 점이 무엇인지 도대체 모르겠다는 표정을 지어 보이며 오빠가 말했다.

"앞머리가 문제가 아닐 텐데."

예전에는 혼잣말로 "내일 뭐 입지, 입을 게 없네"라고 했더니 "네 옷에 관심 있는 사람 아무도 없을 텐데"라고 한 적도 있다. '내가 신경 쓰이잖아!'라고 말하고 싶었지만 이해하지 못할 것 같아 참았다. 오빠가 미래의 아내에게 어떻게 말하며 사는지 한번 두고 볼 참이다.

헤어스타일에 변화를 주고 싶은 어느 날이었다. 옆에 있는 남자 친구에게 별 기대 없이 물었다.

"머리를 잘라 볼까? 긴 머리가 예쁠까, 짧은 머리가 괜찮을까?

웬일로 내 질문에 숨도 안 쉬고 큰 목소리로 답했다.

"헤어스타일이 뭐가 중요해, 얼굴이 예쁜데."

평소와 다른 자신감 넘치는 태도가 왠지 찜찜하다. 이 사람, 며칠 사이 알고리즘에 이끌려 '여친의 곤란한 질문에 대답하는 방법' 같은 유튜브 영상을 보고 외운 게 분명하다. 나름의 생존법을 익히고 있는 모양이다.

나 스스로에게 흡족하기란 마음먹기에 달려 있다는 걸 알면서도 참 어렵다. 행여나 머리를 잘랐는데 마음에 들지 않으면 건성으로 대답한 결과 이렇게 돼 버렸다고 남자 친구를 탓하려 한다. 그다음에 어떤 대답을 할지 좀 궁금해진다.

편애하는
마음

6

원숭이도
부당함을 느낀다

✦

　　오늘 4교시는 도덕, 담임 선생
님 수업이었다. 교실 뒷문으로 들어오신 선생님이 '책상 줄
좀 맞춰', '가방 단정하게 걸고' 등의 잔소리를 하며 교탁 쪽
으로 걸어오셨다. 교실 앞문으로 들어와 곧장 인사를 나누
는 다른 교과 선생님들과는 확실히 다르다.

　　교실을 가로질러 교단을 향해 걷던 선생님이 2분단 맨 앞
줄의 내 자리 근처까지 오시더니 옆에 앉은 초롱이의 등을
토닥이고 머리까지 쓰다듬으셨다.

　　"수업 시간에 대답도 잘하고. 선생님이 교무실에서 어깨
가 으쓱했어."

교실이 적당히 소란스러운 탓에 반 친구들이 담임 목소리를 다 듣진 못한 것 같았다. 교탁에 출석부를 내려놓는 선생님의 얼굴에 미소가 어렸다. 초롱이와 나만 영문을 알 수 없다는 눈빛을 잠깐 주고받았을 뿐이다.

그렇게 수업은 시작됐지만, 나는 얼마 지나지 않아 서운한 감정이 북받쳤다. 목구멍에서 울컥 무언가가 치미는 것 같았다. 선생님과 눈이 마주칠 때마다 울음이 터질 것 같아서 일부러 눈을 피하려고 애썼다. 담임이 칭찬해야 했던 사람은 초롱이가 아니라 나였다. 선생님의 어깨에 뽕을 넣어드린 장본인은 바로 나였기 때문이다.

3교시는 과학 시간이었다. 과학 선생님이 '오늘은 교과서 표지 안쪽의 사진들을 한번 살펴보자'고 하셨다. 표지 안쪽 면을 이루는 여러 사진 중 원자력 발전소 사진을 가리키며 우리에게 질문하셨다.

"혹시 '님비 현상'이 무엇인지 아는 사람 있을까? 오늘 이 반이 내가 수업하는 다섯 반 중에 마지막 반인데, 아직 정확히 대답하는 학생을 못 만났어. 대답하는 사람 있으면 무척 반가울 것 같은데."

주변 친구들의 숨소리가 들릴 정도로 교실이 고요해졌다.

무사히 어른이 될 수 있을까

"대답 나오면 오늘 수업 진도 안 나갈게."

잠시 숨을 고르던 선생님께서 갑자기 매우 쌈박한 제안을 내놓으셨다. 선생님 말씀에 두 눈이 번쩍 떠지는 것 같았다. 교실의 정적을 깨고 나도 모르는 사이 엉겁결에 손을 들었다. 순간 뒷자리 친구들의 안도와 기쁨의 한숨 소리가 들리는 것 같았다.

선생님이 반가운 표정으로 내게 대답해 보라고 하셨다.

"'우리 집 앞에는 절대 안 된다'는 뜻으로 알고 있습니다. 사회 전체를 두고 볼 때는 꼭 있어야 하는 시설들, 예를 들면 쓰레기 소각장이나 폐기물 처리장이나 공동묘지 같은 시설인데 그런 시설을 집 근처에 만들면 집값이 떨어진다거나 동네 이미지가 안 좋아진다는 이유를 들면서 반대하는 거……."

뒤로 갈수록 기어들어 가는 목소리를 내며 눈치를 살피는데, 선생님께서 순간 빙그레 웃으셨다.

내가 아는 것이 많아서 이런 대답을 할 수 있었던 건 전혀 아니다. 그런데 어떻게 대답할 수 있었냐고? 놀랍게도 바로 어제 저녁에 오빠에게 '님비 현상'에 관한 설명을 들었다. 설명이라기보다 잘난 척에 가까웠지만. 말끝에 대책은 무엇일 것 같냐고 물었는데, 내가 그걸 알면 오빠의 동생이 아니라 누나 아니겠냐고 대꾸했다 등짝을 맞았었다. 그러므로 개념을 이해하고 한 대답이라기보다 주워들은 내용을 주절 거린 수준이었다. 그래서 확신도 없었다. 과학 선생님의 저 쌈박한 제안만 아니었다면 아마 절대 손을 들지도 않았고 대답도 안 했을 거다.

우물쭈물하는 내 얼굴을 멀뚱히 쳐다보시던 과학 선생님의 표정이 풀리더니 마침내 기분이 좋아 보였고 약속대로 진도는 다음 시간부터 나가자고 하셨다. 친구들이 너무 좋아해서 나도 덩달아 기분이 좋았던 3교시였다.

학기 초라 선생님께서 학생들의 이름을 다 외우지는 못하신 듯했다. 아마 과학 선생님은 교무실에서 우리 담임 선생님한테 2분단 맨 앞에 앉은 학생이 대답을 잘했다고 말씀하셨던 모양이다.

'과학 시간에 대답한 학생은 초롱이가 아니라 바로 저예요' 하고 말씀드리면 마음이 괜찮아질까. 핵심은 그게 아니다. 사실을 알려 드리는 건 하나도 중요하지가 않다. 내가 명치가 아프도록 서운한 감정이 드는 건 칭찬이 다른 친구에게 갔다는 점보다, 선생님이 예상하고 확신한 사람이 내가 아니라 초롱이었다는 사실이다. 선생님은 대답을 잘한 학생이 의심도 없이 초롱이일 것이라 생각했고, 이건 선생님이 나보다 초롱이를 각별히 더 아낀다는 확실한 증거였다.

선생님이 초롱이를 눈에 띄게 편애한다는 건, 반 아이들 모두가 아는 사실이었다. 그만큼 티가 났다. 문제는 우리 반 친구들 대부분, 아니 모두가 담임 선생님을 엄청 좋아하고 있다는 거였다.

사실 나는 얼마 전에도 이와 비슷한 기분을 느껴 마음고생을 했다. 지난겨울 외가에 온 가족이 모인 자리에서 큰외삼촌이 갑자기 "우리 고은이는 참 예쁘다"며, 아이가 커 가는 모습을 지켜보면 사춘기 때가 제일 못나기 마련인데 고은이는 드물게 예쁜 것 같다고 덧붙이셨다.

"외삼촌, 예쁜 여중생 구경을 못 하신 거 아니에요?"

큰외삼촌의 조카라서 팔이 안으로 굽어 예쁘게 보시는 거라며 너스레를 떨었다. 외모에 너무 신경 쓰지 말고 공부나 열심히 하라는 말씀이었을 거다. 뒤늦게 그런 생각이 들긴 했지만 아무튼 감사해서 떠올릴 때마다 기뻤다. 이야기가 여기서 끝나면 훈훈하고 참 좋았을 텐데, 엄마가 며칠 전 밥을 먹는 자리에서 뜬금없이 이렇게 말씀하시는 것 아닌가.

"그날, 큰외삼촌께서 한이가 드물게 참 예쁘다고 하셨지."('한'은 오빠 이름이다.)

그러면서 애정을 담아 오빠를 쓰다듬으신다. 눈앞의 장면을 목격하고선 그만 입에 들어간 밥을 뿜고 말았다. 굳이 바로잡지는 않았다. 사람은 듣고 싶은 대로 듣고 보고 싶은 대로 본다고 했다. 아울러 기억하고 싶은 대로 기억하는 것이 사람의 기억이라고 들었다. 평소 엄마 마음이 어떤지 너무도 잘 반영된 말씀과 행동이라 가슴이 쓰렸다.

담임 선생님도 그렇고 엄마도 그렇고 공평하게 마음을 준다는 건 불가능한 일일 거다. 똑같이 사랑한다는 게 가능하기나 한 일인가. 나도 더 좋아하는 친구가 있고 좀 덜 좋아하는 친구가 있으니까. 잘 알면서도, 내게 향하는 애정의 강도가 다른 사람에게 주는 것보다 적다고 느낄 땐 어쩔 수 없이 서운하고 섭섭하다. 공평할 수 없다면 공정한 척이라도, 그런 노력이라도 해 주시지. 다른 건 몰라도 내가 좋아하는 사람이 다른 사람을 편애하는 건 너무 쉽게 알아차리는 것 같다.

학기가 한창인 어느 날, 교무실에 심부름을 가게 됐다. 담임 선생님께 몇 가지 지시를 받고 교무실을 나가려는데 어디선가 다정한 목소리가 들렸다. 과학 선생님이 나를 불러 세우신다.

무사히 어른이 될 수 있을까

"이거 먹을래?"

책상 서랍에서 홍삼 젤리를 하나 꺼내시더니 손에 쥐여 주신다. '홍삼 말고 딸기 맛 젤리 없어요?'라고 하고 싶었는데 아껴 먹던 귀한 걸 내어 주신다는 느낌이 들어 나도 모르게 넙죽 받았다. 한술 더 떠서 그 자리에서 껍질을 간 뒤 입에 쏙 집어넣었다. 이미 입안에 홍삼 젤리를 굴리고 있던 선생님은 침을 몰아 삼키며 "다음 시간에 봐. 잘 지내" 하신다. 참 자상도 하시지.

이윽고 교실에서 친구들과 수다를 떠는데 어쩌다 담임 이야기가 나왔다. 대놓고 편애하는 건 좀 그렇지 않냐, 서운하다는 토로가 이어졌다.

"초롱이가 뭐든 잘 하긴 하잖아. 더 좋아하실 수도 있지 뭐. 선생님도 사람인데."

우선은 담임 선생님을 감싸야 한다는 생각이 들었다. 그러면서 나도 한 번씩은 서운하더라는 말을 덧붙이는데 한 친구가 눈썹을 움직이며 의미심장한 말을 한다.

"고은아, 너는 담임한테 서운해하지 마. 과학은 완전 너 편애하잖아. 수업 시간에 너만 보고 수업하는데 뭘. 우린 완전 들러리야. 우리 다 알아."

마음이란 게 그런 걸까. 내 쪽으로 치우친 사랑은 기울어진 줄 모르면서, 다른 쪽으로 치우친 사랑에는 억울과 비탄을 느끼는 것. 아니 알면서도 모른 척했다는 게 정확하겠다.

아까 교무실에서 과학 선생님이 주신 홍삼 젤리가 달콤하고 쌉싸름하다. 선생님의 사랑도 아주 그냥 달고 쓰다. 젤리가 저기 안쪽 어금니까지 다 들러붙어 버려서 오늘 학교 끝나고 집에 갈 때까지 입안이 연신 달콤 쌉싸래할 것만 같다.

겨울이 한창이던 12월 어느 날, 친구들과 둘러앉아 크리스마스 선물 이야기를 나누게 됐다. 산타 할아버지를 몇 살 때까지 믿었는지, 선물은 주로 무엇을 받았는지, 아이가 생기면 언제까지 산타 역할을 해야 하는지……. 끝없이 이어지는 우리 대화는 크리스마스이브 날 밤에 내리는 눈발처럼 설렜다. 모두가 산타 할아버지 선물을 기다리는 어린아이의 얼굴이 됐다.

어설프게 수염 달고 산타 할아버지 흉내 내다가 애먼 아이 울리고 그러지 말라며 농담을 주고받는데 문득, 지금 두 아이의 부모가 된 한 친구가 아이들에게 어떤 선물을 주는 게 맞는지 고민이라는 말을 했다.

"야야, 각자 원하는 선물을 줄 거 아니면 똑같은 걸로 사. 색깔도 꼭 같이, 포장지도 완전 똑같은 걸로!"

나는 숨넘어가듯 말했다.

"뭐, 선물이 다를 수는 있지. 첫째는 형이잖아. 형 선물이 더 큰 거야, 원래."

"동생으로 태어난 게 죄는 아니잖아!"

어디서 많이 들어 본 대사가 튀어나오고야 말았다. 눈을 희번덕거리는 나를 보며 친구들은 웃었고, 대화는 삽시간에 어린 시절 부모님께 느낀 서운함을 토로하는 집단 상담 장면처럼 변했다. 억울해 구천을 떠도는 영혼들이 한둘이 아니었던 거다.

당시 산타 역할을 해 주신 부모님을 떠올리면 지금도 마음이 포근하다. 그런데 한편으론 조금만 더 신경을 써 주셨으면 하는 아쉬움도 든다. 그 옛날 크리스마스 아침에 산타 할아버지가 된 부모님에게 내가 무슨 선물을 받았는지는 잘 모르겠고, 오빠와 내 선물이 달라 화가 났던 기억은 여태 선명하다. 그때 내가 갖고 싶었던 오빠 몫의 학용품 세트가 마흔의 나이가 다 된 지금도 부러운 걸 보면 참으로 희한한 일이 아닐 수 없다. 산타 할아버지가 집에 가실 때 눈길에 미끄러져 자빠졌으면 하고 빌었던 것 같다.

내가 만약에 아이를 둘 이상 키우는 부모가 된다면 다른 건 몰라도 최소한 공정하기 위해 노력할 거라 했더니, 부모가 된 친구들은 고개를 절레절레 흔들며 혀를 끌끌 찼다. 말이 쉽지, 그건 아직 아이가 없으니까 할 수 있는 다짐이고 가질 수 있는 희망이란다.

'공평하고 반듯하다'라는 뜻의 공정성에 관한 매우 흥미로운 심리학 실험이 있다. 실험은 꼬리감는원숭이Capuchin monkey를 대상으로 진행했다.[5] 우선 원숭이 두 마리를 각자 서로를 볼 수 있는 투명한 우리 안에 들어가 있게 했다. 그러고 나서 원숭이들은 실험을 위해 간단한 훈련을 받았는데, 연구원이 토큰 하나를 건네면 연구원에게 다시 그 토큰을 돌려주는 것이었다.

수행을 잘 해내면 원숭이는 보상으로 작은 오이 한 도막을 받았다. 오이는 원숭이에게 최애까지는 아니지만 꽤 괜찮은 간식이다. 두 원숭이는 이윽고 능숙하게 훈련에 임했고 오이 보상에 딱히 불만이 없어 보였다.

그러다 본격적인 실험에 돌입했다. 두 마리의 원숭이는 똑같은 훈련을 수행했지만, 한 원숭이에게는 여전히 보상으로 오이를 주었고, 옆의 다른 원숭이에게는 오이 대신 거봉 한 알을 주었다. 원숭이 입장에서 거봉 한 알은 오이 한 도막과는 비교가 안 되는 득템이다. 원숭이에게 오이 한 도막이 1천 원짜리 간식이라면 거봉 한 알은 1만 원에 가까운 간식이라 생각해도 무리가 아니다.

결과는 어땠을까. 오이 한 도막을 받은 원숭이는 옆의 원숭이가 거봉을 받는 걸 보자 난리를 피웠다. 연구자에게 오이 도막을 거칠게 집어 던지고 창살을 흔들며 억울함과 분

노를 표출했다. 얼마 전까지만 해도 오이를 받고 행복해했는데 놀라울 정도로 다른 모습을 보였다. 원숭이가 진심으로 화가 났다는 걸 누가 봐도 알 수 있었다.

연구 결과를 통해 우리는 원숭이도 부당함을 느낄 줄 안다는 것을 짐작해 볼 수 있다. 공정과 불공정에 관한 원초적인 감각은 원숭이에게도 있는 것이다. 그런데 사람은 원숭이보다 훨씬 더 민감하다. 친구와 내가 똑같이 아르바이트를 했는데 시급을 다르게 받는 상황을 상상해 보라. 원숭이가 냈던 화는 약과에 불과하다.

공평하지 않은 상황에 부당함을 느끼는 마음은 추운 곳에 갔을 때 추위를 느끼는 것만큼이나 당연한 반응이다. 우리 뇌의 섬엽insular lobe은 내가 공정하게 대우받는지를 끊임없이 모니터링하고 불의와 부당함을 느낄 때 격렬히 반응한다. 섬엽은 공평하지 않은 상황을 본능적으로 알아차린다. 그래서 만약에 엄마가 나보다 오빠를 더 좋아하는 것 같아 서운함을 느낀다면 그건 내가 오해했거나 질투가 많아서가 아니라 엄마의 편애하는 마음을 귀신같이 알아차렸기 때문이다.

다시 원숭이 실험으로 돌아가 보자. 오이가 아니라 거봉

한 알을 받은 원숭이의 반응은 어땠을까? 갑자기 좋은 보상을 받아 기쁘기는 해도 화를 내며 억울해하는 옆의 원숭이를 보는 마음이 괜찮았을까? 막상 거봉을 받았어도 괜히 미안해서 못 먹고 눈치만 살핀 건 아닐까? 그건 사람의 관점일 뿐 원숭이는 그저 좋아하며 거봉을 날름 입에 넣었다. 동료 원숭이가 화를 내든 말든 아랑곳하지 않고 진심으로 흡족해하면서.

이와 매우 비슷한 실험을, 아이들을 대상으로 진행한 연구가 있다.[6] 두 아이가 양쪽에 서서 기구에 달린 줄을 동시에 잡아당기면 구슬이 두 개씩 공평하게 떨어지도록 만들었다. 아이들에게 구슬은 꽤 근사한 보상이다.

본격적인 실험에서는 두 아이가 함께 줄을 잡아당겼을 때 한 아이에게는 구슬이 한 개, 다른 아이에게는 구슬이 세 개 떨어지도록 만들었다. 불공평한 상황을 연출한 것이다. 구슬 하나를 받은 아이는 당연히 실망했다. 거봉이 아닌 오이를 받았던 원숭이는 불같이 화를 냈지만 아이는 자신이 놓인 상황에 실망해 울상을 짓고 말았다.

그렇다면 구슬 세 개를 받은 아이는 어떻게 행동했을까? 거봉을 받은 원숭이처럼 마냥 좋아만 했을까?

놀랍게도 구슬 세 개 중 하나를 맞은편 아이에게 건네며 개씩 똑같이 갖자는 아이가 무려 75퍼센트나 됐다. 동료 원숭이가 화를 내는데도 자신이 받은 거봉에 기뻐하기만 했던 원숭이와는 완전히 달랐다. 물론 실험에 참가한 모든 아이가 구슬을 똑같이 나누어 가진 건 아니었다. 옆의 아이에게 두 개나 세 개의 구슬을 주고 자신이 더 적게 가지거나 하나도 가지지 않겠다는 아이도 없었다.

내가 좋아하는 것을 다른 사람에게 나누어 주는 일은 결코 쉬운 행동이 아니다. 어른도 (어쩌면 어른이 더) 잘 못한다. 양보와 배려는 다른 사람의 입장과 마음을 헤아릴 줄 아는 높은 마음이 있어야만 가능하다.

부당함은 차별당하는 사람이 훨씬 더 강하게 느낀다. 그러나 어떤 상황이 불공평하다는 판단은, 차별을 당하는 사람뿐 아니라 혜택을 받는 사람도 한다. 성숙한 우리의 뇌는 구슬을 적게 받아 슬퍼하는 친구를 보며 안타까움을 느끼고, 내 것을 흔쾌히 나누어 주는 용기도 갖게 한다. 다른 사람이 느끼는 부당함에 공감하고 기꺼이 자신의 이익을 포기할 줄도 알기에 우리는 세상을 함께 살아갈 수 있다.

열 손가락 깨물어 안 아픈 손가락이야 없겠지만 깨무는 강도는 당연히 조금씩 다를 수 있다. 깨물기 전부터 아픈 손가락도 있을 테고, 부모라고 해서 자식을 대하는 마음의 크기가 똑같을 수는 없다. 사람의 마음은 입력한 수치대로 정확하게 출력되는 기계가 아니니까. 그저 사랑의 크기가 다르다기보다 색깔과 모양이 조금씩 다른 것 아닐까.

며칠 전 엄마와 통화를 했다. 몇 가지 부탁하신 일을 해결해 드렸는데 통화 끝에 엄마가 이렇게 말씀하신다.

"우리 딸 없으면 어떻게 살까. 엄마는 우리 딸이 제일 좋아."

'예? 갑자기?' 엄마 말씀에 나도 모르게 피식 웃음이 새어나왔다.

'엄마, 너무 속 보이는 거 아닌가요.' 속으로만 조용히 말하고 전화를 끊었다.

다정이 할머니
이야기

7

우리가 미신에
의지하는 이유

✦

　　　　　　　　　어젯밤엔 무서워서 잠을 설쳤
다. 이유는 누가 알까 걱정일 만큼 민망한데, 귓가에서 '분
신사바'라는 소리가 떠나질 않아서였다. 어제 우리 반 친구
몇 명이 이놈의 분신사바 놀이를 하느라 교실을 어수선하
게 만들었다. 쉬는 시간만 되면 책상을 붙여 손을 맞잡고 동
그란 원을 그리며 주문을 외웠다. 볼펜이 흔들리기 시작하
면 구경하던 친구들은 '오오!'라며 연신 감탄사를 내뱉었다.
신기한 듯 움직이는 볼펜을 향해 모두가 눈을 떼지 못했다.
　볼펜이 저절로 움직이는 것처럼 보이는 건 지지대 없이
팔을 들고 손에 힘을 빼고 있어서다. 근육이 볼펜을 미세하

게 흔드는 거지, 귀신 때문이 아니다. 게다가 움직이는 볼펜이 고작 O, X 밖에 못 그린다기에 "그게 무슨 예언이야. 더 자세하게 알려 줘야지"라고 불만을 토로했더니 친구는 '우리나라 귀신이 아닐 수도 있어서'라고 설명해 주었다.

"귀신이면 귀신같이 알아듣고 대답해 줘야 하는 거 아냐?"

심령을 부르는 신성한(?) 의식에 내가 본의 아니게 자꾸 초를 쳤지만 친구들은 그저 낄낄 웃었다. 분신사바 주문을 무심결에 자꾸 외면 진짜 귀신이 찾아와 붙는다는 둥, 귀신 꿈을 꾼다는 둥 친구들이 온갖 이야기를 하기에, 귀신 씻나락 까먹는 소리 좀 그만하라며 대놓고 핀잔을 줬다. 그래 놓고 공포 영화라도 본 사람처럼 밤새 무서움에 떨었으니 나야말로 코미디가 따로 없다.

아닌 척했지만 나도 모르게 무서운 마음이 들었나 보다. 자려는데 근래 봤던 무서운 이야기책 장면도 떠올랐고, 어릴 때 사촌 언니한테 들었던 토막 살인 사건 이야기도 생각났다. 쓸데없이 좋은 기억력과 엉뚱하기 짝이 없는 상상력이 야속한 밤이었다.

밤중에 화장실 가려고 방에서 나와서는 거실이며 부엌이며 베란다까지 집 안의 불이란 불은 다 켰다. 그러곤 안 끄고 내 방에 들어와 버렸다. '안 무섭다, 안 무섭다'라고 말하

려 했는데, '분신사바, 분신사바'라고 읊조려서 '아악!' 하고
속으로 비명을 여러 번 질렀다. 참으로 얄궂은 경험이다. 진
짜 분신사바 귀신이 있다면 부르는 소리를 듣고 찾아오다
가 비명 소릴 듣고 깜짝 놀라 달아나지 않았을까.

그건 그렇고, 다정이가 요 며칠 얼굴이 안 좋다. 가뜩이나
큰 눈에 눈물까지 어려서는, '걷어질린 눈'이란 저런 눈을 말
하는 게 아닐까 싶을 지경이다. 기운 빠진 다정이의 등을 툭
건드리며, 어디 아프냐고 조심스럽게 물었더니 외할머니가
좀 많이 안 좋아지셨다고, 심하게 편찮으시다고 했다. 울음
을 참는 목소리가 아프게 들렸다. 행여나 다정이가 더 힘들
까 봐 자세히 묻지 않았다.

지난해 늦봄이었던 것 같다. 늦은 오후, 학원을 마치고 재
래시장을 통과해 집에 가고 있는데 다정이와 우연히 마주
쳤다. 다정이는 할머니처럼 보이는 분과 손을 잡고 시장을
보는 중인 것 같았다. 다정이 친구라며 꾸벅 인사를 드렸더
니 콩국 한 그릇 먹고 가라며 팔을 잡아끄셨다. 콩국이라니.
나는 콩국을 좋아하지 않는다. 더구나 시장에서 뭘 먹는다
는 건 내게 있을 수 없는 일이다. 그런데 어느새 나는 할머
니의 손에 이끌려 다정이와 나란히 콩국을 한 사발씩 들고

서 있었다. 곱게 썰린 한천이 잔뜩 든 콩국이 고소하고 시원하고 달큼했다. 사발에 남은 한천 몇 가닥을 손가락으로 훑어 입에 넣고 앙다문 입술을 우물거렸다. 다정이와 나는 똑같은 얼굴을 한 채 '쿡' 하고 웃음을 터뜨렸다.

다정이는 외국에 일하러 간 아빠와 회사에 다니는 엄마 대신 외할머니의 손에 컸다고 내게 이야기한 적이 있었다. 그래서 교복도 할머니가 다려 주시고 도시락도 할머니가 싸 주신다고 했다.

"할머니께서 젊고 건강하신 걸 보니 다정이 네가 첫 손주구나?"

다정이는 자기가 첫 번째이자 유일한 손주라고 했다.

다정이와 건널목에서 신호를 기다리던 어느 날, 맞은편에 다정이 할머니가 서 계시는 게 눈에 띄었다. 나는 오랜만에 뵙는 할머니가 반가운 마음에 "다정아, 너희 할머니"라고 일러 주었지만, 다정이는 어쩐지 못 본 척 고개를 푹 숙였다. 다정이 할머니도 분명히 이쪽을 보시는 것 같았는데 다정이가 아무 말 하지 않은 채 고개를 숙이는 바람에 오히려 내가 당황스러웠다.

"건너편에 내가 좋아하는 남자애가 있었단 말이야. 우리 할머니 쪽팔려."

"야, 무슨 말이 그래. 그게 말이야, 방귀야. 너희 할머니처럼 좋은 분이 어디 있다고."

철딱서니 없는 다정이의 행동에 속이 상해서, 나라도 우리 할머니인 척 반갑게 인사드리려고 다시 길 건너편을 봤는데 어느새 할머니는 사라지고 안 계셨다. 못 본 척하는 다정이를 보고선 빠른 걸음으로 다른 골목으로 가신 것 같았다.

"야, 이 나쁜 계집애야. 집에 가서 할머니께 석고대죄해라. 알았냐."

내가 등짝을 후려쳤는데도 다정이는 아프단 말없이 무안한 표정을 지었다. 잘못을 알긴 아는 모양이었다. "손녀딸 키워 봐야 소용없네"라는 내 말에 다정이는 작은 목소리로 "그러게"라며 웃었다.

그게 불과 몇 달 전 일이었는데, 다정이 할머니가 부산의 큰 병원에 입원해 계신단다. 병원에서는 췌장암이 이미 많이 진행되어 손쓰기 어려운 상태라고 했고, 그래서 할머니가 원하는 대로 집으로 모시고 오기로 했다고 다정이가 울음 섞인 목소리로 말했다. 나는 책상에 팔꿈치를 대고 살짝 엎드린 채 구부린 왼손 손가락 마디로 윗입술 언저리를 눌렀다. 왈칵 눈물을 쏟을 것 같아서 다정이의 눈을 피했다. 진심으로 마음이 아팠다.

무사히 어른이 될 수 있을까

그렇게 한 달이 채 지나지 않아 다정이는 사흘간 학교를 결석했다. 결석 이틀째 날 밤에 나는 아주 신기한 꿈을 꿨다. 다정이와 손을 잡고 한갓진 길을 걷는데 건너편에서 할머니가 우리를 보고 계셨다. 처음 다정이 할머니를 뵈었던 지난해 봄처럼 할머니는 병색 없이 아주 건강한 모습이었고 빛이 날 정도로 색이 곱고 밝은 한복을 입고 계셨다. 다정이가 "할머니~"라며 반갑게 손을 흔들었고 할머니도 우리를 향해 손을 흔들어 주셨다. 할머니도 다정이도 밝아 보여서 내 마음도 따뜻했다. 그렇게 꿈에서 깨고선, 다정이 할머니를 위해 마음으로 기도를 드렸다.

일찍 등교해 자리에 앉아 있는 다정이가 반가워 가방도 내려놓지 않고 옆으로 가 앉았다. 다정이는 눈이 좀 부었지만 상태는 그렇게 나빠 보이지 않았다. 등을 토닥이며 쓸어 주는데 며칠 사이 이 녀석 등짝이 더 좁아진 것 같다는 생각이 들었다. 할머니 잘 보내드렸느냐고 너는 괜찮냐고 너무 슬퍼하지 말라고, 그런 말을 건네야 할 것 같았는데 이상하게 입술이 떨어지지 않았다. 그러다 나도 모르게 다정이에게 말했다.

"다정아, 할머니 좋은 데 가신 거 같아. 내가 꿈을 꿨어."

다정이가 나를 향해 목을 쭉 내밀며 눈을 동그랗게 떴다.

"할머니 건강하고 고우시더라. 예쁜 한복도 입으셨고. 우리 엄마가 그러는데, 아주 좋은 꿈이래. 할머니 좋은 데 가셨다는 뜻이고 마음이 편안하시다는 의미래. 내가 너를 좋아해서 꿈을 꾼 것 같다고 엄마가 그러시더라고."

다정이가 엉엉 소리 내어 울었다. 가방에서 지갑을 꺼내더니 내게 지갑 안에 고이 간직해 둔 사진을 보여 주었다. 흐드러지게 핀 영산홍 꽃밭에서 젊고 건강한 모습의 할머니가 꼬맹이 다정이를 보듬고 계신 사진이었다. 사진 속 두 사람 모습이 너무 예뻐서 콧등이 시큰했다. 꿈에 오신 할머니가 이 모습 못지않게 고와 보이셨다고 말해 주었다. 다정이는 눈물이 고인 채로 내게 빙그레 미소를 지었다. 안심과 기쁨이 섞인 다정이의 표정에 마음이 따뜻해졌다. 위로는 내가 받았다.

사람들이 신의 존재를 믿는 건 꼭 미래가 궁금하고 불행을 막기 위해서만은 아닌 것 같다. 슬프고 힘든 일이 가득한 이 세상을 무사히 살아 내기 위해서, 차원이 다른 위로와 따뜻함이 간절하게 필요해서는 아닐까. 미신이면 좀 어떤가. 살아가는 데 힘이 된다면 미신을 믿으려는 그 마음도 분명 귀한 마음이지 않을까.

미신은 우리 삶 곳곳에 존재한
다. 말도 안 되는 이야기, 비이성적인 생각인 줄 뻔히 알면서
도 그로부터 받는 위로가 만만치 않아서 깡그리 무시하긴
쉽지 않다. 내가 구두를 사 주는 바람에 그놈이 떠난 거라 믿
는 편이 더 낫고, 치킨 먹을 때마다 날개를 그렇게 먹더니 결
국 바람이 나서 가 버렸다고 믿어야 그나마 내가 좀 살 것 같
다. 자신이 없어서, 마음이 약해서, 세상이 무섭고 두렵기 때
문에 미신에 마음을 기댄다. 지푸라기라도 잡고 싶은 심정
인 것이다. 과학적 근거 같은 건 하나도 중요하지 않다. 구
두와 닭 날개가 이별의 이유가 아니라는 걸 누가 모를까.

'미신'의 사전적 의미는 '과학적·합리적 근거가 없는 것을
맹목적으로 믿는 것, 또는 그런 일'이다. 한마디로 서로 관
련이 없는 일을 관련이 있다고 비이성적으로 믿는 것이겠
다. 과학적으로 설명이 안 되고 이성적인 관점에서 보면 아
무런 연관성이 없는데도 우리는 오랫동안 미신에 의지하며
살았다. 인간의 인지 능력으로는 미래를 알 수가 없고 예측
이 어렵다 보니 이를 소화하기 위해 억지로 인과 관계를 갖
다 붙인다. 그렇게라도 마음의 위안을 얻어 보려는 노력의

일환인 것이다.

물론 미신에만 너무 의존해 세상을 보려는 건 위험할 수 있다. 무언가 잘 안 풀리는 것 같을 때, 실제 원인을 파악하고 개선하기 위해 애를 써야만 내가 희망하고 원하는 미래와 가까워진다. 우리에게는 노력으로 환경을 바로잡고 상황을 나아지게 만들려는 높고 강한 능력이 있다. 그 마음이야말로 미신을 능가하는 위로와 위안을 줄 수 있다.

몇 달 전의 일이다. 퇴근하려고 길을 나서는데 건물 1층 로비에서 누군가 나를 불러 세웠다. 우연히 나를 발견해 부르는 목소리 같지는 않았다. 이 시간에 내가 나타날 것을 알고 기다린 듯한 조심스러운 목소리였다.

단번에 누구인지는 못 알아보았다. 재학생 같지 않은 얼굴과 옷차림이었다. 조금 더 가까이 다가가 눈을 맞추고서야 누구인지 알아차렸다. 몇 해 전 내 수업을 들었던 졸업생이었다. 당시 진로 고민으로 면담을 요청해서 몇 차례 이야기를 나눈 적이 있었다.

"아, 오랜만이에요. 너무 반갑다. 여긴 어쩐 일이에요?"

"선생님을 잠깐이라도 뵙고 싶어서 기다렸어요."

우리는 건물 2층 창가 벤치에 잠깐 앉았다. 자판기 음료라도 뽑아 오려 했더니 그 친구가 먼저 가방에서 음료를 꺼내 내게 건넨다.

"선생님, 저 임용 고시 합격했고 원하는 곳으로 발령받았어요. 아직 앞날이 기니까 조급해하지 말라는 말씀이 힘이 많이 됐어요. 감사합니다."

내가 어떤 이야기를 했는지 정확히 기억나지는 않지만, 학생에게서 좋은 소식을 들은 덕에 몸에서 급격히 도파민이 뿜어져 나오는 것 같았다. 수업 시간에는 눈에 띄지 않았지만, 시험 성적이 매우 좋은 학생이었다. 중간고사 답안지를 채점하다 이렇게까지 성실히 공부해서 정확하게 답안을 써내는 학생이 다 있구나 싶어 이름을 기억해 두었는데, 어느 날 면담을 하고 싶다고 찾아왔기에 내심 궁금하고 반가웠다. 면담하면서 '성실하고 진중한 태도가 학생의 강점인 것 같다'고 말한 것이 얼핏 생각났다.

"사실 걱정도 안 했어요. 심지어 잊고 살았지. 고시를 권할 때 이미 해내고도 남을 사람 같았거든. 내가 촉이 좀 좋아."

그냥 축하한다고 말한다는 것이 그만 으쓱해진 어깨를 누르지 못하고 흥분이 섞인 말을 마구 해 버렸다.

"저는 제 실력으로 합격했다고 생각 안 해요, 선생님. 엄마, 아빠가 제가 공부하는 몇 년 동안 단 하루도 빠짐없이 새벽 기도를 나가셨어요. 부모님의 정성 덕에 합격한 거 같아요."

축하의 의미로 저녁이라도 사 주겠다고 했더니 한사코 괜찮다며 손사래를 친다. 약속 없이 불쑥 찾아온 것도 죄송한데 귀한 시간까지 빼앗는 건 진짜 아닌 것 같단다. 집에 가면 치킨을 뜯으며 널브러져 영화나 볼 참이었는데, 괜히 찔려서 피식 웃음이 새어 나왔다. 시간을 귀하게 보내는 사람으로 봐 주어 고마웠다. 월급 받으면 꼭 다시 찾아와 식사를 대접하고 싶다고 말하는 그 친구에게 그러자며 눈을 맞추고 웃었다.

이 친구의 앞날에 내 기도도 보태려 한다. 마음은 알아보는 사람에게 힘을 발휘하는 법이다.

'신의 가호가 늘 함께하기를.'

무사히 어른이 될 수 있을까

2부

함께

살아가기

생애 가장 좋았던
수학여행

8   타인의 배려와
양보를 알아보는 법

✦

    서울 남부 터미널에서 경남 고성까지 가는 버스를 탔다. 여름 방학이 끝날 무렵 서울 외가에 며칠 묵다 집으로 가는 길이었다. 서울에서 고성 가는 버스는 빠르면 5시간, 중간에 길이 막히기라도 하면 6시간은 족히 걸린다. 어릴 때부터 탔던 노선이라 익숙하긴 하지만 그래도 긴 시간 버스를 타는 일은 보통 피곤한 일이 아니다. 좋은 컨디션으로 최대한 편히 앉아 가더라도 힘들고 지친다.

    많이들 그렇듯 나도 창가 자리를 좋아한다. 차창 아래에 팔꿈치를 대고 머리를 팔에 기대면 창 밖을 보다 그대로 잠들어도 편했기 때문인데, 이번엔 운 좋게 창가 자리로 차표를 끊을 수 있었다. 내 덩치보다 커 보이는 가방을 발밑에 내려놓고선 옆자리가 빈 상태로 버스가 출발하길 그날도 바라고 있었던 것 같다.

출발 5분 전쯤, 중년의 한 여성이 아직 돌도 안 돼 보이는 아주 어린 아기를 안고 큰 가방을 팔에 건 채 버스에 올라탔다. 그분은 내 옆자리 가까이 와서 곧장 앉는 대신 주변을 살폈다. 두 자리 모두 비어 있는 좌석이 있는지 둘러보는 것 같았다. 하지만 버스는 거의 만석이었고 공교롭게도 나와 내 바로 앞자리 승객만 혼자 앉아 있었다. 순간 나는, '한 칸만 앞자리로 예매했으면 혼자 앉아 가는 건데' 하고 생각했다.

중년의 여성분이 아기를 안고 내 옆자리에 앉았을 때, 창 밖에서 걱정 가득한 얼굴을 하고 이쪽을 바라보는 한 젊은 여성이 눈에 띄었다. 유추하자면 버스에 타신 분은 아기의 할머니이고, 창 밖에서 배웅하는 여성은 아기 엄마인데, 할머니가 아기를 돌보아야 하는 사정이라 시골집까지 데리고 가는 길이 아닐까. 누가 봐도 알 만한 상황이었다. 내 옆자리에 앉은 분이 밖에 서 있는 딸에게 이만 들어가라며 누차 손짓하던 그때, 버스가 출발했다.

버스가 이동하는 긴 시간 동안 아기는 가끔 칭얼거리기는 했어도 길게 울거나 하진 않았다. 한 번씩 잠들었다 깨어 고개를 돌려 보면 아기 할머니는 눈 붙일 새 없이 자세를 바꿔 가며 아기를 안고 있었고 연신 땀을 닦았다. 옆자리가 비었더라면 조금은 편했을 텐데, 그제야 내가 너무 무심해 무언가를 놓쳤다는 생각이 들었다.

그해 가을엔 수학여행을 갔다. 당시에 나는 몸이 많이 약한데다 길을 걷다가도 코피를 쏟기 일쑤라 엄마는 내 교복 주머니에 깨끗한 가제 손수건을 늘 챙겨 넣어 주셨다. 그런 나에게 3박 4일 간의 수학여행은 애초에 좀 무리였다. 아니나 다를까 이튿날부터 목이 꽉 잠기기 시작하면서 컨디션이 급격히 떨어졌다. 일정을 보내고 버스에 올라타 자리에 앉기만 하면 순식간에 꾸벅꾸벅 졸았다. 여행이 계속되며 고단해진 건 비단 나만은 아니었던 것 같다. 음악을 크게 틀고 왁자지껄했던 첫날과는 다르게 모두 버스에 타면 너나없이 졸았다.

버스는 좁고 불편하기도 했지만 대부분 여행용 배낭을 앞자리 등받이에 걸어 두었기 때문에 의자를 뒤로 젖히는 일이 쉽지 않았다. 우리는 모두 서로 최대한 불편하지 않게 각자의 공간만큼만 차지해 앉았고, 나는 연신 꾸벅꾸벅, 흡사 헤드뱅잉을 하듯 머리를 흔들며 시간을 버텼다.

그러다 시간이 한참 지난 것 같은 낌새에 화들짝 놀라 눈을 떴다. 달게 푹 잠을 잔 느낌이 의아했다. 정신을 차리고 보니 옆자리에 앉은 미란이가 긴장된 자세로 잠들어 있었고, 내 머리는 수직으로 세운 옆 좌석 틈에 편안히 기대져 있다는 걸 알았다. 내가 조금이라도 편히 잠들라고 미란이가 본인 의자를 바짝 세워 준 것이다. 그 바람에 미란이는 허리를 곧추세운 채 누구보다 불편해 보이는 자세로 졸고 있었다. 자세히 보니 가방에 있던 자신의 웃옷을 베개 삼으라고 내 머리에 받쳐 놓기까지 했다. 미란이랑 나는 별로 친하지도 않고 딱히 대화를 길게 나눠 본 적도 없는, 그저 그런 사이일 뿐인데.

고맙고 미안하고 또 부끄럽기도 한 복잡한 마음이 차오르던 찰나, 올해 여름 고성 가는 버스에서 만난 아기를 안은 여성분이 문득 떠올라 얼굴이 화끈거렸다. 납덩이를 얹은 듯 마음이 무거워졌다. 나는 어째서 미란이처럼 다른 사람을 위해 마음을 쓸 줄 몰랐던 걸까.

"미란아 의자 뒤로 밀어, 허리 불편해."

불편하게 잠든 미란이 귀에 대고 말했다. 눈을 뜬 미란이가 나를 보며 "좀 괜찮아?" 하고 묻는다.

"뭐가?"

무사히 어른이 될 수 있을까

"많이 아픈지 끙끙 앓던데?"

"내가 그랬어?"

3박 4일 수학여행에서 기억에 남는 거라곤 내 옆에 미란이가 앉았던 것, 그거 하나다. 어딜 가고 무얼 보고 무얼 먹었는지 기억 못 해도 아무 상관없다. 무심한 듯 내게 전해진 미란이의 귀한 마음을 내가 간직했으니 생애 가장 좋았던 수학여행이었다.

"그만 졸고 이제 일어나세요. 수업 다 끝나 가요. 오늘은 수강료가 아니라 숙박료를 받아야겠어."

날씨가 궂은 오후 수업이면 학생들도 두말할 것 없이 고단한 티를 낸다. 졸지 않으려 안간힘을 쓰는 것 같으나 자신도 모르게 스르르 눈이 감기는 모양이다. 잠도 깨우고 분위기 환기도 시킬 겸 해서 목소리에 힘주어 외치는 저 농담은, 대학 시절 학원 아르바이트를 할 때 같은 학원에서 일했던 수학 선생님이 학생들에게 자주 하던 농담이다. '수강료 아니라 숙박료'라는 말이 재밌는지 써먹을 때마다 먹힌다. 꾸벅꾸벅 졸던 학생들이 무안해하며 웃고 만다.

대학 시절 내내 학생들을 가르치는 아르바이트를 했다. 공부에는 딱히 흥미가 없어 보였지만 나를 만나는 걸 좋아하던 중학생도 있었고, 가르칠 게 없을 만큼 실력이 좋아서 이렇게 과외비를 받아도 되나 싶었던 고등학생도 있었다. 학원에서도 많이 일했다. 자정까지 수업이 있어 꽤 많은 보수를 주던 대형 학원에서도 일해 봤고, 학생 수가 적어 행여나 월급이 체불될까 걱정이던 소규모 보습 학원에도 있어

봤다. 꽤 다양한 곳에서 다양한 학생들, 그리고 많은 선생님을 만났다.

내게 농담을 전수해 주신 수학 선생님은 버스를 몇 번이나 갈아타야 했던 작은 보습 학원에서 알게 된 분이다. 나보다 나이가 스무 살은 넘게 많은 아버지뻘의 선생님이었다. 편안한 차림에 낡은 슬리퍼를 신고, 못내 아쉬운 머리숱과 헤어스타일 때문에 처음엔 선생님이 아닌 줄로 오해했었다. 하지만 모든 것이 내 편견이었음을 깨닫는 데까진 그리 오래 걸리지 않았다. 수업도 마음씨도 머리처럼(?) 빛나서 학생들 사이에 '빛나 샘', '완전 빛나 샘', '많이 빛나 샘'이라고 불리는 분이었다. 차마 그 말은 선생님께 전하지 않았지만, 학생들이 선생님을 참 좋아한다는 말씀은 드렸더랬다.

학부 기말고사 기간에 있었던 일이다. 다음 날 오전엔 중요한 통계 기말 시험이 예정되어 있었는데, 그땐 학원 학생들도 기말고사가 한창이었다. 학원이란 곳이 그렇듯 시험 기간이면 일이 더 많고 바쁘다. 그날도 밤 12시까지 보충 수업에 당직까지 서야 했다.

학생들에게 기출문제를 알려 주고 질문에 답변해 주면서도, 머릿속엔 온통 내일 시험 걱정으로 가득했다. 눈앞에 통계 교재가 아른거렸다. 시험 걱정을 떨칠 수가 없어 자꾸 시계를 보며 발을 동동거렸다. 어떻게 했는지도 모르게 수업을 마무리했지만 보충이 아직 더 남아 있었다. 불안하고 막막한 마음에 결국 화장실 앞 복도에서 소리 죽여 울고 있는데, 마침 화장실에 가던 수학 선생님과 딱 마주쳤다. 못 본척해야 한다고 생각했는지 괜히 허둥지둥 화장실로 잽싸게 들어가시는 것 같았다. '남자 친구한테 차였다고 오해하셨으려나.' 옷소매로 눈물을 닦고 목소리를 가다듬었다.

교무실로 돌아와 소파에 앉는데 뒤따라 수학 선생님이 들어오시더니, 무슨 연유인지 묻지도 않고 무뚝뚝한 말투로 이렇게 말씀하셨다. "선생님은 그만 퇴근하세요. 나머지 보충은 제가 하고 문단속할게요. 원장 선생님께는 제가 내일 말씀드리면 됩니다." 진짜 머리만큼이나 마음씨도 완전 많이 빛나 샘!

반가운 말씀에 부리나케 가방을 챙겨 학원에서 나오고 보니 밤 9시가 조금 넘었다. 부랴부랴 택시를 잡아타고서야 선생님께 감사 인사를 못 드리고 나온 게 생각났다. 죄송하고 감사한 마음에 참고 있던 울음이 그만 엉엉 터져 버렸다. 택시 기사님이 룸 미러로 나를 흘끔 보더니 울음소리가 묻히도록 라디오 볼륨을 키워 주셨다.

무사히 어른이 될 수 있을까

그때 그 학원에서 아르바이트를 하는 동안 나는 수학 선생님께 알게 모르게 많은 도움을 받았다. 버스가 끊긴 시간에 퇴근해야 했던 날엔 집 근처까지 차를 태워 주시기도 했고, 원장 선생님의 차가운 말씀에 상처받은 날엔 "원장 선생님이 말씀은 저렇게 하셔도 선생님 칭찬을 얼마나 하시는데요"라며 나를 다독여 주시기도 했다. 세상도 사람도 무서웠던 당시의 나는 선생님께 마음으로 많이 의지했었던 것 같다. 그리고 그날 남자 친구한테 차인 거 절대 아니고 시험 공부 못 해서 불안한 마음에 울었던 거라고, 무엇보다 정말 감사했다고 꼭 말씀드리고 싶은데 이제는 그마저도 부질없는 옛날 일이 되어 버렸다.

그때 그 수학 선생님뿐 아니라 누군가에게 받은 이름 모를 호의와 배려는 셀 수 없이 많았을 것이다. 타인을 배려하는 일이 결코 쉽지 않다는 걸 나는 안다. 피곤한 와중에 의자를 세워 긴 시간 불편함을 자처해야 할 만큼 어렵다. 어리고 마음이 가난했던 나는 그 귀한 배려들이 얼마나 세심히 마련된 것인지 미처 헤아리지 못한 채 살았다. 쉽지 않았을 귀한 선의들을 마치 내 몫의 사탕인 양 당연한 듯 날름날름 받기만 했다.

평소 다른 사람을 배려할 줄 아는 사람들과 딱히 그렇지 않은 사람들을 대상으로 실험한 흥미로운 심리학 연구가 있다.[7] 연구진은 실험 참가자들에게 스트레스를 유발할 정도로 어려운 과제를 수행하도록 주문했다. 평가자가 보는 앞에서 고난도 수학 문제를 빠른 시간 내에 풀고, 풀이 과정을 설명해야 하는 힘든 과제였다. 이때 실험 참가자들을 두 그룹으로 나누어 친절하고 따뜻하게 반응해 주는 평가자 쪽과 필요한 정보만 차갑게 전하는 중립적인 평가자 쪽으로 각각 배정했다. 그런 다음 실험 참가자들의 반응을 살펴보았다.

사람들은 친절하고 우호적인 평가자 앞에서 과제를 수행할 때 심박 수와 혈압이 안정적이었다. 스트레스 호르몬 수치도 상대적으로 낮았다. 덕분에 과제도 잘 수행하는 것으로 보였다. 그런데 이런 반응은 평소에 다른 사람을 배려할 줄 알고 호의를 잘 베푸는 사람들에 한해서만 나타났다. 평소 배려와 호의에 인색했던 사람들의 경우 그런 반응을 보이지 않았다.

사람들은 차갑고 중립적인 평가자를 만났을 때 유독 과제를 어려워하고 스트레스를 심하게 받았는데, 평소에 다른 사람에게 친절하지 않은 참가자들은 우호적인 평가자

무사히 어른이 될 수 있을까

앞에서건 차가운 평가자 앞에서건 심박 수와 혈압이 내내 불안정했고 극심한 스트레스를 받는 것으로 측정됐다. 과제를 잘 못 해내는 건 말할 것도 없었다.

평소에 다른 사람을 배려할 줄 아는 사람은 우호적인 사람을 만났을 때 그 사람이 좋은 사람임을 금방 알아보고, 그 사람의 사소해 보이는 행동이 호의임을 알아차린다. 반대로 그렇지 않은 사람들은 따뜻한 마음을 만나도 잘 몰라보는 경향이 있다. 누군가가 행하는 작은 배려를 그저 당연하다고 여기거나 소중하게 받아들일 줄 모른다.

세상이 각박하고 주변이 온통 이기적인 사람들뿐이라고 생각하는 건, 어쩌면 배려와 호의를 따뜻하게 인식할 줄 모르는 내 마음 탓일 수도 있다. 그러므로 내가 해야 하는 일은 타인의 귀한 마음을 알아보는 것부터가 아닐까. 그래야 나 또한 생의 여정 중에 맞닥뜨릴 누군가에게 지체 없이 마음 한편을 내어 줄 수 있을 것이다. 지금의 나는 이 세상을 함께 살아 내는 사람들의 크고 작은 호의를 어떠한 형태로든 경유했고, 또 계속 경유해 나가게 될 테니까.

오랜만에 고속버스를 탔다. 제법 먼 길을 가야 했고 몸은 이미 고단했던 터라 목적지에 도착할 때까지 옆자리가 계속 비어 있었으면 했다. 버스 출발 시각을 확인하며 주변을 두리번거리다 건너편에 앉은 승객에게 시선이 멈추었다. 아기 엄마였는데, 5개월 정도 되어 보이는 아기를 안은 채 큰 가방을 발밑에 두느라 종아리를 몸 쪽으로 바짝 당겨 불편하게 앉아 있었다.

방금까지만 해도 내 옆자리엔 승객이 없길 바라고 있었으면서, 만약 아기 엄마 옆자리에 누군가 앉기라도 하면 자리를 바꿔드려야겠다고 생각했다. 그래서 착용했던 안전벨트를 풀고 가방 손잡이를 움켜쥐었다. 버스가 출발하기 전에 서둘러 움직일 심사였다.

마음의 준비를 하고 분위기를 살피던 중, 대학생 정도로 보이는 덩치가 큰 남자 승객이 아기 엄마 옆자리의 좌석 번호와 손에 든 승차권을 번갈아 확인하고 있었다. 나는 가방을 들고 자리에서 일어나 아기 엄마께, "자리 바꿔드릴게요. 이쪽으로 앉으세요"라고 했다.

내 말을 듣고 어리둥절한 표정으로 나와 아기 엄마를 번갈아 살피던 덩치 큰 청년은 상황을 파악했는지, "아, 그럼 제가 그쪽으로 가서 앉겠습니다"라며 내 쪽으로 몸을 돌렸다. 그 참, 어느 집 아들인지 너무 기특하다 싶어 하마터면 등을 두들겨 줄 뻔했다.

아기 엄마는 감사하다며 우리 둘에게 연신 인사를 했다.

버스는 무사히 출발했고 아기 엄마는 아기를 옆자리에 뉘었다. 발밑의 큰 가방도 옆으로 편히 옮겨 놓는 모습을 보며 속으로 안도했다. 어쩌다 내 옆자리에 앉게 된 청년과는 생전 처음 보는 사이지만 마치 일행인 듯 내적 친밀감을 느끼며, 그렇게 이심전심으로 긴 버스 여정이 시작되었다.

차창을 향해 열심히 헤드뱅잉을 하던 나는, 버스가 휴게소에 잠깐 정차하며 눈을 떴다. 15분 뒤에 출발한다는 안내 방송이 나왔다. 웬만하면 내려서 음료수도 사고 기지개도 켤 텐데, 귀찮고 피곤해 엄두가 나지 않아 몽롱한 상태 그대로 자리에 앉아 있었다. 그 순간, 잠깐 내렸던 옆자리 청년이 음료수 두 병을 손에 쥐고 다시 버스로 올라타 자리로 성큼성큼 걸어오는 것이 아닌가. 나는 속으로 '저 청년 정말 괜찮은 녀석일세'를 외치며 '오렌지 주스보다는 사과 주스가 더 좋은데'라고 생각했다.

음료를 양손에 쥔 채 자리에 앉은 청년은 첫 번째 음료수 뚜껑을 열어 벌컥벌컥 마시더니 자연스럽게 나머지 하나를 열고는 또 벌컥벌컥 마셨다. 그 모습을 넋 나간 듯 지켜보던 나와 눈이 마주치니 "많이 피곤하신가 봐요"라고 한다. 얼결에 "아, 예? 예, 좀"이라고 했다. 음료수가 원 플러스 원이었던 모양이다.

　나는 무슨 마음으로 음료수 하나는 나에게 주려는 줄로 알았을까. 음료를 마시는 청년 옆에서 나는 김칫국을 벌컥벌컥 마신 꼴이다. 청년이 좌석에 앉을 때 '어머, 뭐 이런 걸 다 주세요. 그냥 제가 할 수 있는 일을 했을 뿐인데요. 자리를 흔쾌히 바꿔 주셔서 제가 더 고마워요'라고 했다면 전례 없을 흑역사를 만들 뻔했다. 다른 사람의 호의를 '잘 알아보는 것'은 중요하다. 정말로.

여전히 나를
힘들게 하는 너에게

괴롭힘은 피해자뿐 아니라
가해자도 망가뜨린다

✦

초등학교 6학년 땐 학교가 별로
재미없었다. 학교생활이 즐거워야 공부든 뭐든 열심히 할
텐데, 학교에서도 집에서도 계속 울적하기만 했다. 사실 그
때 엄마가 많이 편찮으셨다. 엄마는 큰 병원을 다녀야 해서
서울 외가에 당분간 계셔야 했고 그래서 학교를 마치고 집
에 오면 엄마가 없었다. 학교에서 있었던 일을 미주알고주
알 엄마한테 이야기하는 낙으로 살았는데 그러지 못한 날
들이 꽤 길게 이어졌다. 집은 우울했고 나는 하루하루 힘이
없었다. 우울한 내 사정 같은 건 아무도 몰랐으면 하는 마음
이 간절하면서도 누군가 먼저 알아줬으면 하는 마음도 절

실했다. 그 무렵의 나는 소위, 기가 죽은 아이였다.

내 옆자리 짝꿍은 꽤 오랫동안 한 친구로 고정되어 있었다. 준우라는 아이였는데, 준우는 일주일에 이틀은 특수반으로 수업을 들으러 갔다. 책상에 물을 쏟아도 야무지게 닦을 줄 몰랐고, 수업 시간에 곧잘 엎드려 잠을 잤다. 친구들이 짓궂게 장난이라도 치면 어눌한 발음으로 하지 말라며 몸을 버둥대다 큰 소리로 울어 버리곤 했다. 선생님이 나눠 주는 유인물은 번번이 내가 챙겨 줘야 했고, 수업 시작 전에는 시간표에 맞는 책을 꺼냈는지 점검해 바꿔 꺼내 주기도 했다.

다른 친구들은 몇 주에 한 번씩 자리를 바꿔 짝꿍도 바뀌었지만 나와 준우의 자리는 2학기 들어 여태 한 번도 바뀌지 않았다. 나와 준우가 4분단 맨 앞자리에 앉아 있다는 걸 선생님께서 깜박 잊은 건 아닐까. 준우가 내 짝꿍이라서 신경 쓸 일이 많은 건 사실이지만 그런 건 하나도 불편하지 않았다. 다만 어느 순간부터 친구들이 내 자리로 놀러 오지 않는다는 걸 느끼면서는 조금 서운한 마음이 들긴 했다.

밝고 쾌활하진 못해도 그럭저럭 평범하게 하루하루를 보냈다. 적어도 내가 왕따를 당하고 있다는 걸 알기 전까지는 말이다.

무사히 어른이 될 수 있을까

2교시가 끝난 우유 급식 시간이었다. 받아 든 우유를 책상에 올려 두고 잠깐 화장실을 다녀온 사이, 내 가방과 신발 주머니 위로 우유가 잔뜩 쏟아져 있었다. 나는 놀라 얼른 교실 뒤편 청소 도구함에서 걸레를 가져와 쏟아진 우유를 닦았다. 책가방은 괜찮았는데, 신발주머니 안으로 우유가 많이 들어가 흠뻑 젖어 있었다.

화를 낼 겨를도 없었다. 당황스럽고 속상해서 울고 싶었다. 우유에 젖은 걸레 여러 장을 손으로 받쳐 들고 화장실로 향하는데 먼발치에서 아이들 몇 명의 키득거리는 소리가 들렸다. K 무리였다. 그쪽으로 고개를 돌리자 눈길을 돌리며 딴청을 피웠다. K가 한 짓인 걸 뻔히 알았지만 그냥 아무 말도 하지 못했다. 나는 점점 무기력해졌다.

3교시 시작종이 울리고 담임 선생님이 교실로 들어오셨다. 잠깐 두리번거리던 선생님이 내 자리 쪽을 쳐다보셨다.

"누가 우유 쏟았니? 이고은, 너 우유 쏟았어?"

"네."

"다음 쉬는 시간에 더 깨끗하게 닦아."

"네."

아무도 내가 쏟은 게 아니라고, K가 저지른 짓이라고 말해 주지 않았다. 그 무리 중 한 명이 나지막이 혼잣말처럼 소리를 냈다.

"아이씨, 냄새. 우웩."

그 옆의 다른 아이들이 재밌다는 듯 작은 소리로 쿡쿡 웃었다. 이런 상황이 이제는 다른 친구들에게도 점점 무덤덤해지는 것 같았다.

K는 우리 반 여학생들 중 키가 두 번째로 컸다. 여성복과 아웃도어 브랜드에 대해 아는 게 많았고 운동을 꽤 잘해 체육 시간에 특히 눈에 띄는 아이였다. K와 K 친구 서너 명은 모두 키가 크고 성장이 빨라 꼭 나보다 한두 살은 많아 보였다. 그 애들은 마찬가지로 키가 크고 운동을 잘하는 남학생들 몇 명과 자주 어울렸고 매일 약간의 화장을 하는 것 같았다. 나와는 조금 다른 세상에 사는 아이들. 가깝지도 멀지도 않고 서로에게 큰 관심이 없는 그저 평범한 관계의 친구들이었다.

K가 작정하고 나를 괴롭히기 시작한 건 며칠 전 우리 반에 자리 이동이 있고부터였다. 담임 선생님은 그날 남학생들에게 모두 교실 뒤편으로 나가 서 있으라 하더니 여학생들 자리를 이리저리 바꿔 앉게 하셨다. 웬일인지 이번에는 나도 자리를 바꿔 2분단 두 번째 줄에 앉게 됐다. 곧이어 선

생님은 남학생들에게, 같이 앉고 싶은 여학생을 찾아가 옆자리에 앉아도 되겠느냐는 동의를 구한 뒤 허락을 받으면 앉으라고 하셨다. 일명 요즘 유행하는 '사랑의 작대기' 자리 버전이었다. 친구들 대부분은 재밌어하고 즐거워했지만 나는 달갑지 않았다. 이런 인기투표 같은 방식으로 자리를 정하는 게 유치하기도 했고, 선택받지 못한 아이가 민망해할 것을 생각하니 좀 화가 나기도 했다. 아무도 내 옆자리에 오지 않아도 상관없다는 생각도 들었다. 그리고 잠깐 사이 준우 걱정이 머리를 스치기도 했다.

교실이 왁자지껄한 틈에 심드렁하니 고개를 창밖으로 돌리는데, 누군가가 앉아도 되느냐며 말을 걸어 왔다. 생각지도 못한 친구가 내 옆에 서 있었다. 석준이였다. 운동도 잘하고 공부도 곧잘 하는 석준이는 6학년, 아니 전교에서 인기가 많은 친구였다. 의외의 상황에 놀라 앉으라는 말을 그만 잊었다. 석준이는 내 어깨를 토닥이며 "예전부터 옆자리에 앉고 싶었어. 뭐? 너도 그랬다고? 그래, 그럼 앉을게. 우리 짝지 하자"라고 했다. 석준이가 눈을 반짝이며 웃었다. 그제야 나도 앉으라고 말하며 밝게 웃었다.

자리 정리가 끝난 뒤, 앞으로 2주간 고정될 자리라는 말씀을 해 주시곤 담임 선생님이 교실을 나가셨다. 그러곤 몇

분 뒤, 누군가가 쾅 소리를 내며 교실 뒷문을 닫고 나가 버리는 통에 시끌벅적한 교실이 순간 조용해졌다. K였다. 한 친구가, 자리를 바꾸는 내내 K가 나를 흘겨보더라는 말을 전해 줬다. K가 석준이를 좋아한다는 건 공공연한 사실이었다. 석준이가 당연히 자기 옆자리로 올 줄 알았는데 내 옆자리를 선택해 화가 난 것 같았다. 교실에 불쾌하고 불길한 기류가 흘렀다. 반짝이던 새하얀 마음은 설탕처럼 녹아 끈끈하게 흘러내렸다.

그날 점심시간, 여느 때와 다를 바 없이 급식소에서 식판을 들고 우리 반 아이들이 주로 몰려 앉은 테이블로 갔다. 식판을 내려놓고 의자를 빼 앉는 순간, K 무리를 포함한 여러 명의 아이들이 자리에서 일어났다. 여러 명이 동시에 의자를 밀어 일어나는 통에 의자 끄는 소리가 급식소에 크게 울렸다. 급식소에 온 많은 학생들이 일제히 이쪽을 향해 고개를 돌렸다.

"우웩."

무리 중 한 명이 내 뒤통수에 대고 구역질을 하며 지나갔다. 나는 밥을 한술 뜨려다 말고 식판을 반납했다. 하얗게 질린 얼굴로 고개를 숙이고 급식소에서 나와 곧장 화장실로 달려가 그대로 토했다. 5교시가 시작되기 직전에 교실로 돌아와 앉는데 반 아이들이 모두 나를 쳐다보는 것 같았다. 수런거리는 교실의 소음이 또다시 속을 울렁거리게 했다. 책상에 엎드려 수업 시작종이 울리길, 선생님이 얼른 교실로 들어오시길 기다렸다. 그 뒤로 나는 며칠이나 급식소로 가지 않고 점심을 걸렀다.

K 무리는 소소하고 교묘하게 나를 괴롭혔다. 책상 서랍 안에 쓰레기를 잔뜩 넣어 놓거나 내 등 뒤에서 대놓고 빈정대기도 했다. 모두가 들을 수 있을 만큼 큰 목소리였지만, 절대로 내 이름을 입에 올리지 않았다. 누군가에게 들었다는 식으로 다른 사람의 이야기를 하는 척 나를 비꼬는 방법을 사용했다. 복도나 운동장에선 다리를 걸어 넘어뜨리거나 어깨를 치고는 "미안~"이라며 까르르 웃었다. 책상 위에 올려 둔 내 유인물과 공책은 걸핏하면 찢어져 있거나 젖어 있기 일쑤였다.

'잘나지도 않으면서 잘난 척을 한다. 재수 없다. 너무 나댄다. 선생님께 잘 보이려 애써서 좋은 성적을 받는다.' 그 애들이 나를 따돌리고 괴롭히는 이유라고 건너 듣게 됐다. K 무리의 괴롭힘은 그 정도가 점점 심해졌고 날이 갈수록 더욱 유치해졌다. 평소 가깝게 지내던 친구들도 차츰 나를 멀리하는 것 같았다. 하루하루가 수치스럽고 두려웠다. 매일이 괴로워 학교에 가고 싶지 않았다.

언젠가 엄마가 그랬다.

"우리 고은이가 야무져서 선생님이 준우를 부탁하시는 거야. 표현은 안 해도 준우도 고은이한테 엄청 고마워하고 있을걸."

자리를 바꿔 주시지 않아 점점 속상해진다며 언젠가 하소연했을 때, 엄마가 해 주신 이야기로 마음이 완전히 나아졌던 기억이 났다. 엄마는 지금 나에게 일어나고 있는 이 상황을 어떻게 이해시켜 주실까. 속상한 마음을 털어놓고 싶은데, 곁에 계시지 않으니 보고 싶어서 하염없이 눈물이 났다. 안방 전화기 옆에 앉아 엄마 전화를 기다리며 펑펑 울었다. 그때 나는, 잘못한 것이 없어도 불행해질 수 있다는 사실을 깨달았다.

K는 꼭 모든 것을 알고 이러는 것 같았다. 내가 집에 가도 내 편이 되어 줄 사람이 없다는 것을, 안겨서 펑펑 울 수 있는 사람이 지금 내 곁에 없다는 것을 마치 알고 있는 것 같았다. 보호해 줄 누군가가 없어서 작은 상처에도 쓰러질 만큼 나약해져 있다는 것도. 내가 대적할 수 없이 약하다는 것

무사히 어른이 될 수 있을까

을 알고서 그 틈새를 이용해 집요하게 괴롭힌다는 느낌을 받았다.

날은 하루가 다르게 추워지고 해는 짧아졌다. 그해 늦가을과 초겨울엔 아무리 두꺼운 외투를 입어도 추위를 탔다. 입과 혀 안쪽에 궤양 같은 염증이 잔뜩 생겨 오랫동안 낫질 않았다.

시간이 흐르면서 K는 나에게 차츰 무관심해지는 것 같았고 겨울 방학을 할 즈음에야 괴롭힘이 사그라들었다. 나를 멀리했던 친구들이 차츰 가까이 다가오기 시작한 것도 그 무렵부터였다. 올바른 해결이나 정당한 계기를 통해 괴롭힘을 멈춘 건 아니었다. 들리는 소문에 의하면 K는 이제 석준이에게서 관심이 멀어졌고 다른 남학생과 사귄다고 했다.

아주 많은 시간이 흘렀고 오래
전 일이 됐지만, 떠올리면 마치 어제 일처럼 생생해진다. 두
렵고 힘들었던 기억은 잔인할 정도로 선명하다. 가끔은 꿈
속에서 우유가 쏟아져 엉망이 되어 있는 내 자리가 보인다.
잠에서 깨어 꿈인 줄 깨닫고선 깊은 안도의 한숨을 내쉬기
도 한다. 이부자리에서 몸을 일으키기도 전에, 온몸으로 참
아 낸 그때의 울음이 떠올라 북받치기도 했다. 괴롭힘을 당
했던 기억은 신발 안에 들어와 털어 내지 못하고 있는, 작지
만 꽤 날카로운 돌멩이 같다.

학교 폭력에 관한 세계 여러 국가의 조사와 연구들을 종
합해 보면, 12세에서 18세에 해당하는 청소년 가운데 적게
는 2퍼센트에서 많게는 10퍼센트가 넘는 학생들이 온갖 형
태의 괴롭힘을 경험한 것으로 나타났다.[8]

피해 경험 장소는 교실이나 복도, 학교 운동장은 물론 사
이버 공간까지 확장되고 있었고, 신체 폭행을 포함한 따돌
림이나 사이버 폭력 등 괴롭힘 유형도 다양했다. 특히 피해
유형의 경우 신체적 학대를 포함하는 경우도 많지만, 악의
적으로 뒷담화를 하거나 이간질을 하고, 무시하거나 욕을

하는 등의 정서적 폭력이 대부분이었다.

연구에 따르면, 괴롭힘을 당한 경험이 있는 사람은 그렇지 않은 사람에 비해 우울증을 비롯한 각종 정신 질환에 시달릴 확률이 일곱 배 이상 높았다. 뿐만 아니라 수시로 자살을 생각하는 것은 물론 실제로 자살을 시도할 확률이 괴롭힘을 당하지 않은 사람에 비해 네 배 이상 높았다.[9]

괴롭힘을 당한 사람은 괴롭힘에서 벗어난 후에도 여전히 힘들고 고통스러워한다. 괴롭힘은 우리가 생각하는 것보다 훨씬 긴 시간 동안 고통을 겪게 하고, 그 여파는 상상을 초월한다. 다시 말해, 괴롭힘은 그 피해의 크기나 규모를 가늠하는 것 자체가 불가능한, 하지 말아야 할 행동이다.

우리는 몸과 마음에 문제가 생겼다는 사실을 고통을 통해 알아차린다. 그런데 고통을 처리하는 뇌의 통증 회로는 몸이 다쳤을 때뿐 아니라 무시당하거나 소외감을 느꼈을 때도 활성화된다.[10] 신체적 고통을 인식하는 두뇌 영역이 정서적으로 거부당하거나 외로움을 느껴도 마찬가지로 반응하는 것이다.

예컨대 우리가 정신적으로 고통스러울 때 흔히 '속이 상한다'거나 '가슴이 답답하다', '마음이 아프다' 같은 말을 하

는데, 이런 말은 그 상황과 느낌을 은유적으로 묘사한다기보다 매우 정확하게 표현하는 셈이다.[11]

신체적, 정서적 괴롭힘으로 인한 지속적인 스트레스는 소리 소문 없이 뇌를 손상시킨다. 호르몬의 균형을 깨뜨려 신경학적 발달과 면역 기능을 방해하고, 뇌세포 간 신호를 연결하는 시냅스를 파괴해 두뇌의 원활한 기능을 막는다.[12] 또 기억력을 해치고 학습 능력을 떨어뜨려 지적 성장에 치명적인 악영향을 미친다.[13] 괴롭힘은 우리 몸과 마음의 건강을 잔인하게 망가뜨린다. 따라서 다른 사람을 괴롭히는 행위는 엄연한 폭력이다.

그러나 두뇌가 손상되는 일은 괴롭힘을 당한 사람에게만 일어나는 일이 아니다. 놀랍게도 다른 사람을 괴롭히는 사람의 두뇌도 손상된다. 남에게 상처 주는 행동을 서슴지 않는 사람은 뇌의 신경 세포가 사멸해 대뇌 피질이 망가진다. 대뇌 피질은 우리 몸의 움직임과 감각 인식, 정서 처리, 언어 구사를 비롯해 기억에 관한 모든 능력에 관여하는 영역이다. 뿐만 아니라 인간의 성격 형성은 물론 성장과 발달에도 필수적인 역할을 한다. 따라서 대뇌 피질이 손상된다는 것은 두뇌가 광범위하게 무너진다는 의미와 같다.

무사히 어른이 될 수 있을까

다른 사람에게 폭력을 행사하는 사람의 무절제한 공격 행위는 또한, 편도체의 기능 이상을 불러와 공감 능력을 훼손시키고, 해마를 마비시켜 인지 능력의 발달을 막는다.[14] 우리 뇌의 전두엽은 올바른 판단을 하고 좋은 인간관계를 맺고 집중하고 노력할 수 있게 하는데 연구에 따르면 공격 행위로 인한 뇌 손상은 전두엽에서 가장 심각한 것으로 나타났다.[15]

이처럼 다른 사람을 괴롭히고 상처 주는 행동은 괴롭히는 당사자의 뇌에도 심각한 상처를 남긴다. 어쩌면 가해자의 뇌는 더 가혹한 방면으로 망가지는 것일지도 모른다.

한때 나는 K와 그 무리에게 왜 그랬냐고, 너희가 한 행동이 얼마나 나쁜 짓인 줄 아느냐고 따져 묻고 싶기도 했지만, 이제는 그러고 싶지 않아졌다. 사과를 받거나 변명을 들어보고 싶다는 생각도 하지 않게 됐다.

그때는 나도 어렸고 너희도 어렸으니까. 불편한 감정을 다스릴 줄 모르고 충동을 조절할 줄 모르는, 미숙하고 서툰 어린아이에 불과했으니까.

하지만 많은 시간이 흘렀음에도 나는, 그들이 내게 했던 나쁜 행동들을 잊은 적이 없다. 그리고 단 한 번도 그 애들이 어딘가에서 멀쩡히 잘 살고 있기를 바란 적도 없다. 언젠가는 반드시 그때 저지른 행동을 철저히 후회하는 순간이, 어떠한 형태로든 찾아올 거라고 믿는다. 그 행동들은 다른 사람이 아닌 미래의 자신들을 향한 폭력이었으니까.

나는 오늘도 신발에 들어온 불편한 돌멩이를 내 방식으로 털어 낸다. 지금의 내가 그때의 나를 여전히 보호해야겠기에.

무사히 어른이 될 수 있을까

사정이
있을 거야

10.   기본적 귀인 오류와
                         행위자 행동의 현저성

✦

내 뒷자리에 앉은 유영이는 나를 참 좋아한다는 느낌을 주는 친구다. 하지만 나는 솔직히 유영이와 딱히 친해지고 싶지가 않아서 이 친구가 내어 주는 마음에 비해 그저 뜨뜻미지근하게 반응하기 일쑤였다.

유영이는 조금 이상한 구석이 있었다. 우선은 목소리가 신기할 정도로 너무 컸다. 그래서 유영이가 나를 부르거나 내게 말을 걸어 올 때 나는 깜짝깜짝 놀란다. 내가 다른 사람들에 비해 잘 놀라는 편이긴 하지만 유영이 목소리는 객관적으로도 충분히 크다.

사람이 들을 수 있는 소리의 최저 한계가 0데시벨(decibel,

dB), 일상 속 보통의 대화 목소리가 60데시벨 정도 된다고 알고 있다. 그런데 모르긴 몰라도 유영이 목소리는 80데시벨 정도는 되는 것 같다. 80데시벨은 자명종 시계의 알람 소리로 잘 비유된다. 그래서 유영이가 갑자기 나를 부르면 나는 곤히 자다가 알람 소리에 놀라 깬 사람처럼 반응하곤 했다.

이런 사람을 일컬어 '기차 화통을 삶아 먹었다'는 표현을 쓴다고 들었다. 그런데 내가 보기에 유영이는 원래 목청이 좋다기보다 목소리를 크게 내는 것이 습관이 된 사람 같았다. 마음 놓고 말을 할 땐 목소리가 커지고, 신경 써서 말을 하면 보통 수준의 목소리가 됐다. 자기도 모르게 큰 목소리를 내는 유영이를 내가 툭 치면 머쓱한 표정을 지으며 소리를 낮췄다. 어쩌면 내가 무안을 주고 구박하는 형국이라 할 법한데도 유영이는 '미안'이라고 한마디하며 마음 좋게 웃었다.

그런데 이상한 점은 또 있었다. 유영이는 정말 답답할 정도로 걸음이 느렸다. 보통 목소리가 크면 시원시원하고 성격도 급할 거라 생각하겠지만 전혀 그렇지가 않았다. 오히려 행동이 굼뜬 편이었다. 나는 곧잘 목소리를 낮추라는 의미로 유영이를 툭 치고, 빨리 가자는 신호로 유영이 가방 끈을 잡아 이끌었다.

이런 유영이를 뭐라 설명하긴 어렵지만 나는 좀 마뜩잖게 여겼다. 걸음을 재촉하면서 짜증을 내거나 목소리를 낮추라며 미간에 주름을 잡아 타박하기도 했는데, 유영이는 번번이 좋은 얼굴을 했다. 새침한 태도로 경계하는 나를 한번도 마음에서 밀어내는 법이 없었다.

겨울 방학을 얼마 앞둔 어느 날이었다.

"고은아, 우리 집에 안 갈래?"

목소리가 나지막한 걸 보니 유영이 딴에는 꽤 마음을 가다듬고 하는 말인 듯했다. 내가 거절할 수도 있다는 생각을 하고 있었던 걸까. 흔쾌히 그러자고 했더니 내 대답이 끝나기가 무섭게, 원래 유영이가 말하던 데시벨로 소리 높여 말했다.

"우리 동네 마트에서 귤 한 봉지 사서 가자!"

내가 알던 녀석이 맞나 싶게 그날은 유영이가 빠른 걸음으로 깡충거리며 걸었다.

다른 집에 비해 난방을 많이 하는지, 집 안으로 들어서자 안경에 김이 잔뜩 서렸다. 뜨거운 우동 그릇을 받아 든 것처럼 앞이 안 보였다. 유영이 손에 이끌려 안방 미닫이문 앞으로 갔다. 집에 가면 가장 먼저 하는 일인 듯 움직임이 자연스러웠다.

방문을 살며시 열자 연세가 많고 체구가 몹시 왜소한 할머니 한 분이 이불을 덮고 아랫목에 앉아 계셨다. 우리를 보자 앉은 채로 안아 주실 것처럼 양팔을 벌리셨다. 순간 유영이가 폴짝 할머니에게 뛰어가 곁에 앉았다.

"할머니~! 친구 왔어~! 내 친구 고은이~!!"

할머니 귀에 입을 바짝 대고선 평소 목소리보다 족히 두 배는 높은 데시벨로 유영이가 말했다. 아니, 소리쳤다. 문 앞에 서서 할머니께 꾸벅 허리를 굽혀 인사를 드리니 가까이 와 앉으라고 손짓을 하신다. 웃는 얼굴이 유영이와 똑 닮았다.

"네가 우리 영이 한 반 친구 고은이구나. 착하고 예쁘고 공부도 잘하는 고은이."

늙고 기운 없는 할머니 목소리에 신기하게도 반가움과 애틋함이 묻어 나왔다. 내 등을 쓸어 주시는 할머니의 무람없는 손길이 따뜻했다. 자꾸만 쓰다듬어 주시는 바람에 마치 기특한 일이라도 해낸 사람이 된 기분이었다. 무엇보다, 할머니 곁에 앉아 '착하고 예쁘고 공부도 잘한다'는 이야기를 엄청나게 큰 목소리로 말씀드렸을 유영이 모습이 그려

져 코끝이 시큰해졌다.

　손을 녹이라며 할머니가 내 손을 이불 아래로 끌어 넣어 주셨다. 방에 늘 깔아 둔 이불 아래 방바닥이 따끈했다. 언 손과 귀가 간질거리며 풀렸다. 스르르 내 마음속 어딘가의 빗장도 풀리는 듯했다. 유영이에게 정말 고맙고 또 많이 미안했다.

　유영이는 귀가 어두운 할머니와 대화하느라 목청이 그렇게 컸던 거였다. 또 거동이 불편한 할머니를 부축해 드리느라 걸음이 느린 친구였다. 이런 사정을 진작 알았더라면 유영이를 함부로 툭 치지도, 빨리 걸으라고 재촉하지도 않았을 텐데. 할머니를 사랑할 줄 아는 유영이에 비하면 나는 어리다 못해 못되고 이기적이기 짝이 없다. 내 사정은 언제나 알아주고 이해받길 바라면서 다른 사람에게 사정이 있을 거란 생각은 미처 할 줄 몰랐으니까.

　여전히 나는 목소리를 낮추라며 유영이 옆구리를 쿡 찌르고, 얼른 가자며 옷소매를 잡아당긴다. 그럼에도 이젠 그 순간에 유영이보다 내 얼굴이 더 밝다. 나는 유영이를 자세히 아는 사람이니까. 큰 목소리만큼 마음이 크고, 느린 걸음만큼 마음이 넓다는 것을 안다. 그런 유영이가 나를 좋아해 줘서 한없이 고마울 따름이다.

세상을 이해하며 살아가기 위해서 우리는 많은 것들을 판단하고 평가한다. 주변에서 일어나는 수많은 일들을 판단하고, 누군가의 선택과 행동을 끊임없이 평가한다. 세상과 사람, 그리고 서로를 이해하려고 나름의 시도와 노력을 기울이는 것이다.

하지만 우리의 판단은 늘 그렇듯 완벽하지 못하다. 섣불리 잘못된 판단을 내리기도 하고 쉽게 착각하기도 한다. 예컨대 다른 사람의 행동을 평가할 때는 그 사람의 '성격 요소'를 과대평가하고 '상황 요소'는 과소평가하지만, 나의 행동을 평가할 때는 상황 요소로만 판단해 설명하려 한다. 어떤 사람이 약속을 어기면 원래 칠칠치 못한 사람이라고 쉽게 단정해 버리지만, 내가 약속을 못 지키면 그럴 수밖에 없는 피치 못할 사정이 있다고 판단하는 것이다.

이런 우리의 사고방식을 심리학에서는 '기본적 귀인 오류fundamental attribution error'라고 한다. 관찰자로서 다른 사람을 관찰할 때와 행위자로서 자신의 행동을 설명할 때가 다르다고 해서 '행위자 관찰자 편향actor-observer bias'이라고도 한다.

비슷한 행동도 다른 사람이 한 것과 내가 한 것을 다르게 평가하는 사례는 일상에서 너무 쉽게 찾을 수 있다. 어떤 친구가 시험을 망쳤다고 하면 당연히 공부를 열심히 안 했기 때문이라고 생각하기 쉽다. 친구의 불성실함과 부족한 실력을 탓해 버리는 것이다. 반면에 내가 시험을 망치면 시험이 쓸데없이 어려웠기 때문이라고 자연스럽게 생각한다.

좋은 성적을 받은 학생은 한 학기 동안 자신이 열심히 공부해서 받은 당연한 결과라고 생각하지, 쉽고 재밌게 강의해 준 선생님 덕이라고는 생각하기 쉽지 않다. 나도 학생일 땐 그랬다. 성실히 공부한 내 모습은 쉽게 떠올릴 수 있어도 수업이 좋았던 상황적 요인에까지 생각이 미치진 못했으니까.

우리가 이런 오류를 범하는 이유는 '행위자 행동의 현저성salience of the actor'이라는 특성 때문이기도 하다. 누군가의 행동을 관찰할 때는 그 사람을 집중해서 보게 된다. 오로지 눈에 보이는 그 사람의 현재 모습을 중심으로 판단하는 것이다. 그 사람을 둘러싼 상황을 고려해 보거나 사정이 있을지도 모른다고 생각하긴 쉽지 않다. 눈에 '현저히' 보이는 것 이외에 그 너머의 것들을 유추하고 이해하는 일은 깊은 헤아림 없이는 불가능하다.

"고은 씨 화장실 엄청 자주 갈 텐데, 여긴 화장실이 편해서 좋아. 음료는 무조건 따뜻한 걸로 마셔요. 걸핏하면 설사하니까 찬 거 먹지 말고."

자주 가는 단골 카페에서 얼굴을 맞대고 앉아 있는데, 남자 친구가 오늘따라 유난히 두 눈을 반짝이며 말했다. 나의 말 못할 사정을 세심히 배려해 주어 정말 고맙지만 조금만 작은 목소리로 말했더라면 더 고마울 뻔했다.

따뜻한 커피를 반쯤 마셨을 무렵, 연세가 제법 많아 보이는 할아버지 한 분이 출입문을 힘껏 열고 들어오셨다. 얼마나 힘껏 여셨던지 무거운 유리문이 다시 닫히지 않을 범위까지 열려 버렸다. 추운 날씨 탓에 차가운 바깥바람이 순식간에 실내를 서늘하게 만들었다. '왜 문을 안 닫으실까?' 나도 모르게 미간을 찡그리며 방금 들어오신 할아버지를 쳐다보았다. 남자 친구와 주변 손님들도 마찬가지였다. 아랑곳하지 않고 할아버지는 곧장 계산대로 성큼성큼 걸어가 주문부터 하신다. 문을 닫으려고 일어서는 남자 친구에게 인상 쓰지 말고 좋은 얼굴을 하라며 눈짓으로 신호를 보냈다.

저 할아버지는 성격도 급한데다 참 뒷손이 없구나 싶어 속으로 혀를 찼다. 아마 늘 뒤에서 문을 닫아 주고 흘린 물

무사히 어른이 될 수 있을까

건을 주워 주고 이불을 덮어 주는 그림자 같은 아내 분이 계셨을 거라며 혼자 머릿속에 소설을 써 내려가고 있었다. 그러던 찰나, 이 모든 상황이 이해되는 한 장면이 눈앞에서 펼쳐졌다.

문을 닫으려고 일어섰던 남자 친구가 출입문을 열어 둔 채 잡고 서 있다. 출입문으로 아주 천천히 지팡이를 짚은 할머니가 들어오셨다. 할머니의 오른발은 곧게 나가고 왼발은 밖으로 둥글게 돌았다가 앞으로 딛는다. 주문을 마친 할아버지가 할머니의 뒤로 가서 말없이 따라 걸으신다. 문을 잡고 있던 남자 친구에게 고맙다며 꾸벅 인사도 잊지 않으신다.

할아버지는 마치 할머니의 그림자처럼 뒤에 서 계셨다. 의자를 빼 주신 뒤 할머니가 의자에 앉아 몸을 기대자 비로소 맞은편으로 가 앉으셨다. 진동 벨이 울리자 누구보다 조심스럽게 음료를 테이블로 옮기셨다. 그 광경을 보던 나는 섣불리 할아버지를 오해하고 흉본 마음이 부끄러워졌다. 문을 닫지 않은 할아버지에게는 내가 알지 못하는 사정이 있었다. 함부로 판단해 흉보거나 비아냥거릴 수 있는 일은 정말 아무것도 없음을 오늘도 깨닫게 됐다.

상대방을 잘 알고 나면 섣불리 오해하지 않게 되는 것 같다. 이상해 보였던 것들도 이해가 되고, 괴상한 사람인 줄 알았는데 아니라는 것도 알게 된다. 물론 나 아닌 다른 사람들, 그 한 사람 한 사람을 자세히 알 수는 없다. 더욱이 다른 사람을 온전히 이해한다는 것은 불가능에 가까운 일이다. 하지만 그 불가능함을 안다면 더더욱 사정이 있을 거라는 생각을 할 수 있어야 하지 않을까.

다른 사람에게 조금만 마음을 기울여도 아주 큰 차이가 생긴다. '사정이 있을 거야'라고 생각할 줄 아는 건, 그런 차이를 만들어 내는 기적 같은 마음이다.

"좋은 사람
만나게 될 거야"

11   우리는 사랑을 어떻게
                     이해하고 인식하는가

✦

수지가 기어가는 지렁이를 관찰하듯 고개를 푹 숙인 채 힘없이 걷고 있다. 언제 어디서든 나를 먼저 발견해 활짝 웃으며 인사를 건네는 예쁜 친구인데 어디가 아픈 걸까. 안 좋은 일이라도 생긴 걸까. 걱정이 됐다.

"오빠가 뭐래?"

훅 들어간 내 질문에 수지의 양쪽 눈동자가 심하게 흔들렸다. 고개를 떨굴 만한 일은 그 이유 하나뿐이라고 판단했다. 수지의 남자 친구는 근처 고등학교에 다니는 고3 오빠였다.

"예상은 했지만 당황스럽고 슬퍼. 앞으론 '절대' 볼 수 없을 거래."

그 오빠는 대학생이 되어 곧 이 지역을 떠날 예정이었다. 수지에게, 그렇게 되면 만나기 어려워질 테니 이쯤에서 그만 헤어지자는 메시지를 보내왔단다. 수지는 한숨을 쉬며 말했다.

"대학생이 고딩을 사귈 이유는 없겠지."

힘 빠진 수지의 말에 내가 응수했다.

"그래도, 우리가 언제까지 고딩이진 않을 텐데."

지구에서는 달의 뒷면을 볼 수 없다고 어느 책에서 읽은 적이 있다. 달의 자전 주기와 공전 주기가 일치하기 때문이라고 했다. 그래서 우리는 지구에 사는 한, 달의 뒷면은 영영 못 본다. '절대' 볼 수 없다니, 그 오빠는 무슨 달의 뒷면으로 이사를 가나. 이별 멘트를 꼭 그런 식으로 해야 했을까. 좀 더 성숙하고 세련되게 말할 수는 없었을까. 좋아하는 사이었는데, 최대한 상대가 상처받지 않도록, 그럼에도 고마웠다는 식의 예의를 지키면서 말이다.

섭섭한 마음에 내 머리가 다 복잡했다. 내가 이런데, 당사자인 수지는 오죽할까. 상심이 클 수지를 위로해 주고 싶은데 딱히 생각나는 말이 없었다. 눈물이 고여 있는 얼굴이

무사히 어른이 될 수 있을까

마음 아파서, 그 오빠라는 사람을 향해 실컷 욕이라도 퍼붓고 싶었지만 하지 않기로 했다. 그래도 수지가 진심으로 좋아했던 사람이니까, 내가 나쁜 말을 하면 기분 상할 수도 있겠구나 싶었다. 수지 어깨에 붙은 머리칼 한 올을 떼어 주며 "더 좋은 사람 만나게 될 거야"라고만 했다.

수지는 중학교 2학년 때 그 오빠를 처음 만나 알게 됐고, 좋아한다는 고백 끝에 중3 여름 무렵부터 사귀게 됐다. 나는 수지가 오빠에게 줄 선물을 포장하는 걸 도와준 적이 있고, 더 예쁜 카드를 고르는 데 의견을 보탠 적도 있다. 수지의 부탁으로 두 사람이 주고받은 편지를 읽어 봐 주기도 했고 내가 쓴 편지를 함께 전달하기도 했다. 수지가 오빠 이야기를 할 때면 행복해 보인다고, 두 사람이 부럽다는 식의 편지를 썼다. 아마도 이런 말을 써 주길 수지가 바랄 것이라 생각했다. 두 사람의 관계를 지지하는 누군가가 있다는 것을 알리고 싶어서 내게 부탁했을 테니까.

수지는 집에 갈 때 기다리고 데려다 주는 사람이 있다는 게, 틈틈이 문자를 보낼 사람이 있다는 게, 손을 잡고 함께 걷고 싶은 사람이 있다는 게 정말 좋다고 했다. 남자 친구 덕분에 심심하지 않다고 지나가듯 말했지만 내 귀엔 그 말이 훨씬 묵직한 의미로 들렸다. 수지는 좋아하는 사람에게 마음을 기대어 일상의 자신감도 얻고 위로도 받는 것 같아 보였다.

사는 동안, 상황에 따른 이별이라는 것도 겪을 수 있음을 수지는 이참에 배웠을 거다. 경험이라는 씨앗은 으레 성장이라는 열매를 맺게 하는 법이니까. 내 친구 수지의 경우를 보면, 중학생의 연애가 그렇게 불량하다거나 나빠 보이지 않는다.

우리 반엔 남자 친구가 있다고 말하는 친구가 꽤 된다. 대부분 연애에 관심이 많았고 이성 교제를 나쁘게 생각하지 않는 편이었다. 인근 도시에서 전학을 온 한 친구는 이전 학교에서 친하게 지낸 남학생들과 소개팅을 시켜 주겠다는 조건을 걸어 반 친구들에게 인기를 얻고 금방 친해지기도 했다. 수다를 떨면 연애 이야기가 절반 이상을 차지했는데, 선생님과 부모님을 비롯한 주변 어른들에게는 절대 함구해야 한다는 암묵적 약속이 지켜지고 있었다.

얼마 전 한 친구는 데이트 장면을 부모님께 딱 걸렸다고 했다. 무슨 불륜 관계라도 들킨 듯 당황했다는 친구의 말에 다 같이 폭소를 터뜨렸다. 떨리는 마음으로 집에 갔더니 엄마 아빠한테서 '내 눈에 흙이 들어가지 않는 한 절대 안 돼!' 라는 대사가 튀어나올 기세였다며 남 이야기하듯 웃었다. 외출 금지를 당하거나 바리캉으로 눈썹이 밀리지 않은 게 어디냐는 반응에, "내 남친이 공부를 엄청 잘하잖아"라는 말로 모두를 단박에 이해시켰다.

대체로 어른들은 우리가 연애를 하면 성적이 떨어질까 염려하는 것 같았다. 마음이 들떠 공부에 방해가 된다는 이유였다. 물론 그럴 수도 있겠지만 다 그렇지는 않았다. 누군가를 좋아하는 마음은 공부를 방해하는 쪽으로만 작용하지는 않는 듯 보였다. 상대에게 좋은 이미지를 주기 위해 공부를 더 열심히 하고, 덕분에 높은 성적을 유지하는 친구도 더러 있었다. 사랑하는 사람이 생기면 세상을 더 열심히 잘 살고 싶어진다고 하지 않던가. '당신은 내가 더 좋은 남자가 되고 싶게 만들어요'라는 영화 〈이보다 더 좋을 순 없다〉의 대사처럼.

무조건 막거나 나쁘게만 말하는 어른들의 반대는 실상 호소력이 없다는 것이 내 생각이다. 더 따뜻한 마음으로 바라봐 주고 현실적인 조언을 해 주는 것이 훨씬 설득력 있지 않을까. 물론 어른들이 우리의 연애를 무작정 반대한다기보다는, 무분별한 행동으로 위험한 결과를 낳을까 우려하는 것이라 생각한다. 다만 무턱대고 비난하진 말았으면 한다. 마음을 부정당하는 건 누구에게나 오래도록 큰 상처로 남으니 말이다. 우리의 소중한 마음을 온전히 이해해 주었으면 좋겠다.

누군가와 연애하고 싶은 마음
은 간절했지만 20대 초반의 나는 짝사랑만 했다. 누가 보아
도 상대방은 나를 좋아할 이유가 없을 법한, 그런 사람들만
멀리서 좋아했다.

내가 짝사랑했던 상대는 대부분 나보다 나이가 꽤 많았
고 유능했으며 무엇보다 주변 사람들에게 인기가 많았다.
소위 좋은 인품을 갖춘 사회적으로 성공한 사람이었다. 그
에 반해 나는 어리고 가난한 학생인데다 미래가 막막해 잔
뜩 주눅 들어 있었다. 어둡고 울적해 보이는 내게 연애는 먼
세상 이야기였고, 빛나 보이는 사람을 멀찍이서 홀로 좋아
할수록 내 삶은 자꾸 우울해지는 것 같았다.

누구에게나 자신의 마음을 지배하는 감정이 존재한다.
예를 들어 마음이 '돈'에 꽂혀 있으면 돈이 많은 사람에게 마
음을 빼앗길 가능성이 크다. 가정 폭력에 상처받고 유년이
화목하지 못했던 사람은 자상하고 따뜻한 사람에게 마음을
열기 십상이다. 배움에 한이 맺힌 사람은 공부를 많이 했거
나 사회적 지위가 높은 사람을 무턱대고 선망한다. 상처받
았거나 결핍된 마음은 자신의 부족한 면을 채워 주고 메워

줄 것처럼 보이는 대상에게 일방적으로 향하기 마련이다. 우리는 행동과 가치관을 지배하는 무의식의 감정, 즉 마음을 지배하는 감정에 힘없이 끌려다닌다. 심리학에서는 이런 마음을 '핵심 감정'이라고 한다.

최근 몇 년 전부터 나는, 10대부터 60대 이상에 이르는 사람들에게 사랑에 관한 질문을 꾸준히 하고 있다. '사랑'을 다른 말로 무엇이라 표현할 수 있는지 물어보기도 하고 '사랑은 (   )이다'라는 문장을 제시하며 괄호에 들어갈 단어를 채워 보라고도 했다.

사람들이 응답한 사랑의 단어들은 다채로웠는데, 400명에 가까운 사람들의 응답 데이터를 꼼꼼히 살펴보다가 나는 뜻밖에도 흥미로운 패턴을 발견하게 됐다.

10대에서 20대 초반이 선택한 단어는 사랑의 정서적인 측면을 반영한 경우가 많았다. '행복', '기쁨', '설렘', '짜릿함', '따뜻함', '슬픔', '아픔' 같은 말들이 주를 이루었고, 그밖에 '성관계', '스킨십', '욕망'처럼 원초적인 면에 관한 언급도 있었다.

반면 20대 후반에서 40대까지가 언급한 단어들은 다소 생각이 깃든 추상적인 말들이 많았는데, '예의', '희생', '의리', '선택', '배려', '노력' 같은 단어가 대부분이었다. '환상', '착각', '미친 짓', '후회' 같은 부정적인 단어들도 있었으나 이런 단어들 역시 10대에서 20대 초반이 선택한 부정적 단어들, 예컨대 '슬픔'이나 '아픔'과는 성격이 달랐다. 이들이 말한 부정적인 단어는 감정이 서린 단어가 아니라 깨달음이 담긴 말들로 보였다.

50대 이상의 사람들이 꼽은 단어는 '존중', '추억', '인생', '공감', '우정', '책임', '공부', '여행' 등이었다. 이들이 응답한 사랑의 말들에는 체념의 그림자가 비쳤다. 20대 후반에서 40대에 이르는 사람들의 단어에 모종의 비장함과 결단이 묻어 있는 것에 반해 50대 이상에게는 인생을 관조하는 듯한 묵직함이 담겨 있었다.

세대별로 꺼내 놓은 단어들의 가장 큰 차이점은 '사랑이 향하는 방향'이었다.

비교적 나이가 어린 사람들은 내가 사랑해서 '기쁘고', '좋으며' '설레고' '짜릿하고' '따뜻하다'고 느꼈다. 그러다 '슬프기도' 하고 '아프기도' 했다. 좋아하는 사람과 '성관계'를 맺고 '욕구'를 충족시키는 것도 사랑으로 이해하고 있었다. 즉, 사랑의 방향이 자기 자신을 향하는 듯했다.

반면에 20대 후반부터 40대까지는 상대방을 기쁘게 해
주기 위해 '희생'하거나 '배려'하며 '의리'를 지켜야 하고, 끊
임없이 '노력'해야 한다고 생각했다. 이들에게는 사랑의 방
향이 자기 자신이 아니라 상대방을 향하는 듯 보였다. 또한
완전한 사랑이라는 것은 '환상'이나 '착각'에 불과할지도 모
른다는 회의감도 느끼고, '미친 짓'에 불과하다며 실패한 사
랑을 비난하기도 했다. 경험과 학습으로 인한 현실적인 마
음이 반영된 것이리라.

그러다 50대에 이르러서는 사랑이 곧 '삶' 그 자체인 것으
로 이해하는 것처럼 보였다. 이들은 상대방을 '존중'하고 '공
감'하며 함께 '인생'을 살아 내는 것을 사랑이라고 생각하고
있었다.

20대 초반에 앓았던 내 사랑은 '내가 되고 싶은 나'를 투
사한, 환상이 빚어낸 마음이었는지도 모르겠다. 상대가 어
떤 사람인지 잘 알지도 못하면서 내가 갖고 싶었던 특정 면
모를 갖춘 사람을 막연히 부러워하는 마음을, 내 '이상형'이
자 '사랑'이라고 착각했던 거다. 사랑의 방향과 욕구의 중심
이 '나 자신'에게 있었고, 내가 가진 콤플렉스를 상대에게서
채우고 싶었던 마음이 가득했다. 나 스스로 세상에 온전히

설 수 있어야 가능한, 건강한 사랑과는 거리가 멀었다.

어쩌면 진짜 사랑은, 처음에 가졌던 환상이 깨지고 몰랐던 상대방의 단점과 취약한 면까지 알게 된 다음에야 오는 것인지도 모르겠다. 힘겨운 갈등을 하나씩 함께 해결하고 버거운 고비를 같이 넘겨 가며 비로소 진정한 사랑이 되는 것. 오랜 세월 함께 산 다정한 노부부를 우리 모두가 부러움과 존경의 눈으로 바라보는 것도 이 때문이 아닐까.

사랑이라는 명목으로, 생각지도 못한 위험한 일에 직면하거나 해결하기 어려운 문제를 만날 수도 있다. 가령 무차별한 폭력에 노출될 수도 있고, 예상치 못하게 너무 많은 것들을 감당해야 하거나 잃을 수도 있다. 친밀한 관계에서 서로 짊어져야 하는 의무나 부담은 절대 가볍지 않다. 때문에 미성년자는 사회로부터 '보호'받아야 한다. 그것은 '금지'와는 다르다. 사랑을 하는 데 있어 원칙과 기준이 필요한 이유는 자유를 속박하기 위해서가 아니라 유해한 것으로부터 보호받아야 할 존재들을 지켜 내기 위해서다.

물론 모든 것은 내 마음과 선택에 달려 있다. 다만 그 선택이, 너와 나를 성장시키는 '좋은 사랑'이길 바란다.

소문의
주인공

12　　　　인간이 뒷담화를
　　　　　　하는 이유

✦

　　　쉬는 시간. 화장실에 다녀와 다음 시간 교재를 책상 위에 펼치고 있었다. 앞자리에 앉은 친구가 나를 기다렸다는 듯이 돌아앉더니 내 쪽으로 몸을 기울였다. 다 알고 있으니 말해 보라는 듯 눈썹을 올리며 고개를 갸웃했다. 순간 나는 몸을 움찔 뒤로 젖혔다.

　　"그게 무슨 말이야? 누가 그래?"

　　지금 누가 그랬는지가 중요하냐며 간죽거렸지만 나에게는 그게 진짜 중요했다. 도대체 누가 그런 어이없는 소리를 하고 다니는 걸까. 나더러 영어 선생님과 어디까지 진도를 나갔냐고 묻는 앞자리 친구의 말이 황당하기 짝이 없었다.

고등학교에 진학하기 전 겨울 방학 특강을 들으러 큰 학원엘 다녔다. 사는 지역에는 마땅한 곳이 없어서 시외버스로 한 시간은 떨어진 인근 도시에 있는 학원이었다. 수업은 오후부터 밤까지 이어졌지만 우리 동네로 가는 시외버스의 막차 시간은 저녁 8시 50분이라 버스를 놓치지 않는 시간까지만 학원에 있을 수 있었다.

공부에 방해가 된다는 이유로 학원에서는 학생들의 휴대전화 사용을 금지했다. 그래서 학생들은 대부분 전화기를 아예 집에 두고 등원했는데, 먼 지역에서 오가며 막차를 타고 귀가하는 사정을 배려해 원장 선생님은 내게 휴대폰 소지를 허락해 주셨다. 덕분에 막차를 타면 엄마에게 '버스 타고 집에 가고 있다'는 메시지를 보낼 수 있었다.

하루는 집에 가려고 학원 건물을 나서는데 주차장 쪽에서 선생님 한 분이 나를 불러 세우셨다. 영어 선생님이었다. 영어 선생님은 이 학원에서 인기가 아주 많았다. 강의도 재밌고 영어 발음도 좋았지만 훤칠한 키와 잘생긴 얼굴이 인기의 비결이라는 것을 어렵지 않게 짐작할 수 있는 분이었다. 명문대를 졸업했는데 유학인지 외국 회사 입사인지를 앞두고 본가에서 잠깐 아르바이트를 하고 있는 거라고 학원 친구들에게 들었다. 선생님만 아니면 그냥 몇 살 차이 안 나는 오빠 아니냐며 이 학원 여학생들은 영어 선생님을 곧잘 입에 올리곤 했다.

"가방 무겁겠다. 집이 어디라고 했더라? 데려다줄게."

버스만 타면 된다고, 한 시간이 걸리는 거리라고, 마음만 감사히 받겠다고, 단숨에 쉬지 않고 말씀드렸다. 이대로 머뭇거리다 막차를 놓칠까 봐 마음이 급해 말도 덩달아 빨라졌다.

"괜찮아, 나 시간 많아. 밤 운전은 내 취미야. 날이 많이 춥잖아. 어서 타."

신세를 지게 된 사람이 미안해하지 않도록 하는 속 깊은 어른의 화법 같았다. 나도 언젠가 다른 사람을 도와주면서 이런 식의 말을 할 수 있는 사람이 되고 싶다고 생각했다. 인기 강사 영어 선생님은 내가 알던 것보다 훨씬 좋은 분이라는 생각에 빠져 있느라 엄마에게 메시지 보내는 걸 그만 잊어버렸다.

'어디쯤 와?'

엄마의 문자 메시지를 받고서야 깜박한 사실을 깨달았다. 오늘은 학원 선생님이 태워 주셔서 도착 시간이 빠르다고, 조금 있으면 도착한다고, 급히 답장을 보냈다. 집까지 버스로는 한 시간이 조금 넘게 걸렸는데 선생님 차를 타니

무사히 어른이 될 수 있을까

35분이 채 안 걸렸다. 우리 집 아파트 단지 입구에 엄마가 마중 나와 계셨다.

"고맙습니다, 이 먼 길을. 늦은 시간이 아니면 차 한 잔 대접할 텐데요."

차에서 내린 선생님과 내 가방을 받아 든 엄마는 서로 연신 고개를 숙여 가며 인사를 나누셨다. 댁에 도착하면 메시지 보내 주시라며 나는 선생님과 전화번호를 주고받았다. 40여 분이 지난 뒤에 메시지가 왔다.

'잘 도착했어. 어머님이 너무 좋은 분 같더라. 감사하다고 전해 드려.'

'잘 도착하셨다니 다행입니다. 그런데 감사는 제가 드려야 하는 거 아닌가요, 선생님?'

'고마운 마음에는 굳이 이유나 설명이 필요하지 않거든. 아무튼 잘 자고 내일 학원에서 봐.'

수업보다 더 값진 것들을 배운 날이라 생각하며 잠들었다.

막차 시간을 신경 써야 한다는 것 외에는 학원 생활에 딱히 어려움이랄 건 없었다. 수업을 듣는 것도 재미있었고 학원 친구들과도 비교적 잘 지냈다. 몇몇의 친구들과는 마치 초등학교와 중학교를 같이 나온 것처럼 스스럼없이 가까워지기도 했다. 내가 학원 내에 도는 이상한 소문의 주인공이 되는 사건만 없었다면 모든 것이 좋았을 뻔했다.

영어 선생님과 내가 연인 관계라는 모함은 어디서 시작됐을까, 무슨 근거로 나온 소리일까, 누구일까, 머리가 복잡했다. 강의실 뒤편에서 누군가가 "어쩐지 수업 시간에 나누는 눈빛이 예사롭지 않더라"라고 속삭이는 소리가 들려왔다. 조용히 말하라는 웃음 섞인 다른 학생의 목소리는 더 크게 들렸다. 쿡쿡 웃는 소리와 낮은 웅성거림이 내 귀에 꽂히자 목덜미에 오스스 소름이 돋았다. 따뜻했던 강의실 공기가 한순간에 불쾌해져 섬뜩함마저 들었다.

소문은 순식간에 크기를 불려 나갔다. 심지어 영어 선생님과 내가 데이트하는 걸 목격했다는 증언들도 잇따랐다. 모든 소문이 그렇듯 이야기는 한껏 부풀려졌고, 나는 어느새 '얌전한 척하면서 뒤에서 호박씨 까는 애'가 되어 있었다.

뒷담화라는 게 그렇다. 누군가가 '좀 이상하지 않아?'라는 말로 씨앗을 뿌리면, 다른 사람들은 '이상하지, 완전 이상해'라거나 '이상한 줄 진작 알았어'라며 싹을 틔운다. 그다음부터 나무는 알아서 잘도 자란다. '좀 이상한 애'로 찍혔던 주인공은 나중에 기괴한 이미지의 괴물이 되어 있다.

집에서 멀지만 이 학원에 등록하기로 결심한 데는 이 지역에 대한 좋은 선입견이 한몫했다. 예로부터 이곳은 양반고을, 교육의 도시로 유명했다. 사람들이 점잖고 예의 바를 것이라는 막연한 기대가 있었는데, 남 이야기를 가십으로 삼는 경박스런 성미는 여긴들 다를 바 없구나 싶었다. 크게 실망했다.

뒷말이 돈다고 해서 내가 변명해야 할 이유는 없었고 채근당할 이유도 없었다. 해명할 가치도 물론 없었다. 당연히 사실이 아니니까. 나에 대한 뒷담화는 무료한 학원 생활에 활기가 됐을 수도 있겠다는 생각, 어쩌면 그런 자극이 이 친구들에게 절실했을지도 모른다는 생각으로 상처받은 마음을 다독이다가 이 소문의 시발점으로 확신이 드는 장면이 불현듯 머리를 때렸다.

"전화기를 빌려준 내가 잘못이었네."

나도 모르게 입으로 소리 내어 읊조렸다.

학원을 다닌 지 얼마 되지 않아 한 친구가 휴대폰을 빌릴 수 있냐고 말을 걸어 왔다. 나도 귀갓길에나 전원을 켠다며 학원에서의 사용은 곤란하다고 했지만, 오늘은 조금 일찍 집에 갈 건데 데리러 오기로 한 남자 친구와 길이 엇갈릴까 봐 그런다며 문자 메시지만 주고받고 돌려주겠다고 간

곡히 부탁했다. 친구의 전화기라는 설명도 할 거고, 혹시 급히 연락할 일이 생기면 이쪽으로 문자를 남기라고 해도 되는지 물었다. 구체적인 설명을 들은 나는 대수롭지 않게 그러라며 전화기를 빌려주었다. 그 뒤로도 몇 차례 그 친구 손에 내 전화기가 갔었다.

남의 휴대폰을 그렇게 뒤져 보리라곤 차마 상상하지 못했다. 남에게 빌려 쓰는 물건이면 더욱 조심히 다루어야 하는 게 예의니까. 아니다, 호기심에 어쩌다 볼 수는 있을 것 같다. 안 보기가 더 어려울지도 모른다. 하지만 그렇다고 나한테 물어보지도 않고 짐작만으로 이상한 소문부터 내는 건 분명 잘못된 행동이지 않나. 그 친구가 영어 선생님이 내게 보냈던 메시지를 보고 이런 유치한 짓을 한 게 분명했다.

흥미로운 가십거리를 손에 쥔 그 친구는 단박에 주목을 받았고 친구들과 빠르게 친해지는 것 같았다. 남 이야기, 뒷담화는 이야기를 나누는 사람들에게 대단한 결속력을 안겨 준다. 내 이야기로 그 친구는 인기와 유대감을 얻었겠지. 나는 이 친구의 인격을 알게 됐다. 생각할수록 많이 속상하고 화가 났다.

겨울 방학 특강이 마무리될 무렵, 창현이라는 친구가 내게 잠깐 바람을 쐬자고 했다. 창현이는 이 학원에서 공부를 제일 열심히 하는 친구였다. 들은 바로는 학교 성적도 극상위권이라고 했다. 하나를 보면 열을 알듯이, 학원에서 공부하는 자세만 보아도 맞는 소문이라는 걸 짐작케 하는 친구였다. 창현이가 자판기에서 따뜻한 음료를 뽑아 내게 건네며 말했다.

"마음고생 많이 했지. 도와주고 싶었는데 그럴 일도 아니다 싶어서 나서지 않았어. 그런데 네 그 초연한 태도와 묵묵함이 정말 사실이 아니란 걸 철저하게 증명하더라."

창현이의 말에 하마터면 눈물을 쏟을 뻔했다.

"네 휴대폰에서 영어 선생님 메시지를 봤고 내용이 아주 에로틱했는데. 처음엔 다들 난리였지만, 친구들 대부분은 그게 터무니없는 말이란 거 알고 있었어. 그냥 순간 자극적이고 재밌는 이야기에 다들 혹한 거지. 이 학원에서 있었던 일들 마음에 담지 말았으면 좋겠어."

내 짐작은 맞았고, 내 실망은 틀렸다. 험담의 장본인과 사건의 시발점은 맞았고, 이 지역 사람들이 다 별 볼 일 없다는 생각은 틀렸다. 그 친구 같은 사람도 있고 창현이 같은 사람도 있다. 창현이가 건넨 말에 거짓말처럼 마음이 괜찮아졌다. 영어 선생님 말씀처럼 굳이 이유나 설명이 필요하지 않은, 고마운 마음이 들었다.

막차에 올라타 어두운 차창을 멍하니 바라보고 있는데

휴대 전화의 진동이 짧게 울렸다.

'학원 마쳤어?'

나를 뒷담화한 친구의 남자 친구였다. 둘이 길이 엇갈린 모양이었다. 그런데 그 순간, 골탕을 먹이고 싶다는 욕구가 고개를 치켜들었다. 둘 사이에 오해가 생기도록 장난을 쳐 볼까, 그 친구 험담을 대놓고 심하게 해 버릴까, 그럼 복수가 될까, 평소 나답지 않게 매우 빠른 속도로 잔머리가 돌아 갔다. 머리 굴리는 소리가 밖으로 들리는 것만 같았다.

'학원은 9시에 마쳤을 거예요. 저는 학원에서 일찍 나와서 메시지를 전할 수가 없습니다.'

똑같은 인간이 되고 싶지는 않아서, 짓궂고 유치한 생각은 접기로 했다. 그 친구를 골탕 먹이면 속은 시원했겠지만, 똑같이 경박스러운 인간으로 전락했을 거다. 내 마음과 내 행동을, 다른 사람은 몰라도 나는 알 수밖에 없다. 나 자신을 속일 순 없으니까. 다른 사람들이 나를 두고 어떤 말을 나누든, 나 스스로 떳떳한 게 내게는 중요했다.

창현이 덕분에 그나마 온기가 더해지긴 했으나 그해 그 동네 겨울은 우리 동네보다 확실히 춥게 느껴졌다. 그 후로 간간이 창현이 생각은 났지만, 내 뒷말을 했던 친구 얼굴은 어쩐지 떠오르지가 않았다.

무사히 어른이 될 수 있을까

유난히 친해지지 않는다고 느끼는 직장 동료가 있었다. 그 동료와 나는 일하는 스타일이 좀 달랐다. 그러다 한번은 그 동료와 약간의 언쟁이 오가는 일이 있었다.

일을 누가 좀 더 많이 하고 적게 하면 어떻고, 누가 했다고 보고된들 그게 그렇게 중요하냐는 것이 내 생각인데, 동료는 나와는 정확히 반대로 생각하고 있었다. 어쩌면 그게 무슨 일을 하느냐보다 더 중요할 수도 있다고 했다.

동료와 내가 말다툼을 심하게 했다거나 서로에게 무례하게 군 건 아니어서 마음이 상하고 자시고 할 것까지도 없었는데, 나는 누군가와 갈등이 있었다는 것에서 이미 상처를 받았다. 소심한 내가 감당하기에는 타격이 제법 셌다. 덕분에 기운도 없어졌고 소중한 입맛도 달아났다.

퇴근해 집에서 쉬고 있는데 친하게 지내는 선생님이 전화를 주셨다. 목소리 듣고 싶어서 전화를 하셨다며 어떻게 지내냐고 물으셨다. 그 순간 나는 무슨 생각이었는지, 선생님께 동료의 험담을 하기 시작했다. 책상 정리도 잘 안 하더라는 둥, 사사건건 공치사를 해야 직성이 풀리는 것 같더라는 둥, 별 근거도 없고 쓸모도 없는 소릴 숨 고를 틈도 없이 신나게 해댔다. 이야기를 가만히 듣던 선생님이 차분한 목소리로 말씀하셨다.

"우리 고은 씨가 요즘 일이 많이 힘든가 봐요. 그래도 잘해 나가는 거 보면 참 대단해요."

가끔 보면 선생님은 내 속에 들어갔다 나오신 분 같다. 위로받고 싶은 내 마음을 어찌 아셨을까. 유치하고 치사한 내 행동이 부끄러워 얼굴이 화끈거렸다. 지혜로운 선생님 덕분에 내 수다의 목적이 바람직한 방향으로 달성됐다.

사람들이 다른 사람을 험담하면서까지 굳이 수다를 떨고 싶어 하는 건 그럴 만한 이유가 있어서다. 누군가를 험담하는 일이 옳다거나, 그 사람이 진짜로 모함받아 마땅하다는 의미가 아니다. 주제가 무엇이든 함께 수다를 떨며 위로를 주고받았다는 것이 중요하다.

털이 많은 유인원 같았으면 털을 정성껏 골라 주면서 친목을 도모할 테지만, 언어 능력이 발달한 인간은 수다를 떨면서 마음을 나눈다. 우리는 대화를 나누면서 정말 필요한 '정보'만 주고받지 않는다. 정작 그런 진짜 정보에 해당하는 내용은 전체 대화의 20퍼센트도 채 안 된다. 수다의 대부분

무사히 어른이 될 수 있을까

은 딱히 필요 없는 이야기들, 예컨대 몰라도 될 남 이야기, 다른 사람 흉보기, 하소연, 근거 없는 평가질, 소문 옮기기 등으로 이루어져 있다. 사람들은 이런 이야기를 나누면서 서로 공감하고 위로하고, 같이 수다를 떠는 상대방과 친하다는 것을 인정받기도 하며, 내가 주변 사람들에게 소속되어 있다는 것을 확인해 안심하기도 한다. 결속력을 다지고 유대감을 높이는 행위의 '소리 버전'이 바로 수다인 것이다.

뒷담화는 당사자가 없는 자리에서 누군가를 비방할 목적으로 나누는 말을 뜻한다. 대부분 누군가를 깎아내리고 싶은 심리에서 비롯된다. 그 사람이 부러워서 질투가 나거나, 상대에게 위기감을 느껴 불안하거나, 싫은 이유를 직접 이야기할 용기가 없거나 한 경우가 많다. 따라서 뒷담화의 이유야말로 뒷담화를 당하는 주인공에게 있는 것이 아니라 '하는 사람의 마음'에 고스란히 있다고 보아야 한다.

뒷담화는 원래 당구 게임에서 쓰던 '뒷다마'라는 말에서 유래했다고 한다. 노린 공의 앞을 맞추지 않고 뒤로 돌아가 뒷면이 맞는 경우라는 뜻이다. 일본어로 구슬(당구공)을 뜻하는 '다마'가 이야기를 나눈다는 의미를 지닌 우리말 '담화'로 대체되어 '뒷담화'라는 말이 만들어졌다.

앞에선 못 하고 뒤에서 때리는 공, 나라고 그 공을 맞지 말란 법은 없다. 나 역시 당사자가 없는 곳에서 그 사람 험담이나 하며 킥킥거리고 싶은 마음이 굴뚝일 때가 많으니까. 내 마음이 그러면 다른 사람 마음도 그렇다.

좋아하지만
잘하지는 못할 때

13   재능은 정말
                      타고나는 걸까

✦

    1교시가 국어 시간이라 기분 좋은 아침이다. 다른 날보다 더 의미심장한 마음으로 교복 재킷 단추를 채웠다. 좋아하는 사람을 만나러 나가는 길이면 이런 마음일까. 국어 수업 시간은 요즘 내 인생의 낙이라면 낙이다.

    고등학생이 된 뒤 국어 수업이 제일 좋아졌다. 공부를 잘해서라거나 성적이 좋아서는 아니다. 학년이 높아지면서, 잘하는 것과 좋아하는 것 사이에 딱히 상관관계가 없다는 걸 깨닫게 됐다. 실력이 없다고 해서 싫어하란 법도 없다. 나는 오히려 성적으로밖에 증명될 수 없는 '실력'이라는 말의 정의가 좀 서운하다. 좋아하고 흥미를 느끼는 일도 다른 방면의 실력이라면 실력 아닐까.

그나마 성적이 좋은 편에 속하는 과목은 오히려 과학과 수학이었다. 그런데 과학과 수학은 수업이 흥미롭거나 더 잘하고 싶은 욕심 같은 게 생기지 않았다. 생각나는 질문도 별로 없었다.

영어는 솔직히 그다지 좋아하지 않았다. 하도 입시에서 중요하다고 강조하고, 놓치면 큰일 날 것처럼 세뇌를 당해 습관처럼 독해를 하는 것이 전부였다. 아마 모두가 너무 중요하다며 공부를 강요하니 괜한 반발심에 싫어하는 마음이 일었는지도 모르겠다.

가끔 영어 독해 지문에 재밌는 내용이 있으면 그것에는 관심이 갔다. 노벨상이 1901년부터 수여되기 시작했다는 것도, 음악의 빠르기를 지시하는 용어 중 '느리게'에 해당하는 '안단테'가 이탈리아어로 '걷다'의 현재 분사라는 것도 영어 독해 지문으로 알게 됐다.

중학교 1학년 영어 시간에 '감탄사'를 배우던 중이었다. 선생님은 영어 감탄사를 가르치면서 제스처까지 따라 하도록 시키셨다. 감탄사야말로 감탄하고 놀랄 때 자동으로 나오는 말일 텐데, 이걸 그런 상황이 아닐 때 굳이 흉내 내야

무사히 어른이 될 수 있을까

할 이유가 있을까 싶어 심드렁해졌다. 탐탁지 않은 눈빛으로 입술을 꾹 다물고 있는 나를 보신 원어민 선생님이 내 앞으로 오셔서 말씀하셨다.

"코으은~, 웨 안 똬롸 훼요? 똬롸 화쉐요."

"아, 놀라지 않아서요. 놀라야 나오는 말이니까요. 저는 전 세계 어딜 가든 '엄마, 깜짝이야' 하고 놀랄 것 같아요."

순간 선생님이 낮은 목소리로 짧게 "Oh, my gosh"라는 영어 감탄사를 내뱉었다. 진짜 놀라신 모양이었다.

지금 생각하면 혼나지 않은 게 어딘가 싶다. 언어를 배우는 건 문화를 배우는 거다. 그러므로 표현을 익힌다는 건 다양한 모습들을 이해하려는 적극적인 노력이 수반되어야 한다는 걸 그때는 어려서 잘 몰랐다.

영어 과목과 그렇게 반목했던 것과 달리 국어에는 남다른 친밀감과 애정을 느꼈다. 고등학교에 오니 국어 교과서에 실린 내용이 경이로웠다. 주변에 존재했으나 미처 몰랐던 보석의 가치를 정확히 배우고 알아 가는 과정 같았달까. 확실히 어렵긴 했지만 공부할수록 매력적이었고, 그래서 나는 심심할 때마다 국어 책에 실린 문학 작품을 읽었다. 미스터리한 건 그럼에도 성적은 그다지 좋지 않았다는 거다.

우리 반 국어 수업 담당은 최 선생님과 권 선생님 이렇게 두 분이었는데, 나는 특히 최 선생님 수업 시간을 좋아했다. 친구들은 두 수업을 '국최', '국권'이라 구분해 불렀지만 나는 혼자 국최를 '최국'이라 칭했다. '최국'은 빠르게 발음하면 꼭 '최고'라 말하는 것 같아서였다. 최국 시간, 최국 선생님은 정말로 최고였다.

첫 시간에는 '입말 문학'을 배웠다. 입에서 입으로 전해 오며 창조하고 향유하는 문학이라는 설명도 멋졌는데, 우리가 일상에서 나누는 말이 얼마나 소중한지 알아 가는 시간이 좋았다. 별것 아닌 일상의 말들과 세월이 모여 문학이 되고 문화가 된다는 것이 꽤 감동적이었다. '말'이 곧 '내'가 되고 내 역사와 미래가 된다는 생각을 이때부터 하게 된 것 같다.

최국 시간에는 '말하기 수행 평가'를 했다. 진도를 나가기 전 두 명씩 10분 내외의 시간 동안 친구들에게 전하고 싶은 이야기를 무엇이든 앞에 나와 말하는 방식이었다. 주제도 자유로웠고, 겪은 일이든 전해 들은 이야기든 상관없었다.

주어진 시간을 잘 지키고 성실하게 이야기를 하면 그 자리에서 무난히 A 성적을 받아 갔다. 가끔은 이야기가 끝났을 때 선생님께서, "A+ 받아도 되겠죠?"라고 할 때가 있었다. 발표자 친구의 이야기에 몰입되어 다 함께 웃거나 우는 상황이 발생하곤 했는데, 드물지만 그런 수준의 말하기를 하면 추가 점수를 받았다.

재연이는 지난 말하기 평가 시간에 오래 좋아하던, 그래서 가장 친하다고 할 수 있는 남자 친구에게 고백을 했다가 거절당한 이야기를 했다. 남자 친구와 친하게 지낸 과거 경험을 흥미롭게 묘사했고, 고백을 결심하게 된 계기와 고백 장면을 기가 막힌 표현들로 상세히 이야기해 주었다. '친구라서 안 될 것 같아'라는 남자 친구의 대답을 읊다가는 살짝 목소리를 떨기까지 했다.

재연이는 감정을 절제하고 끝까지 이야기를 마무리했지만, 정작 울어 버린 건 이야기를 듣던 우리 모두였다. 재연이는 그날 말하기 수행 평가에서 A+를 받았다. 아주 놀라운 재능을 지닌 재연이가 부러웠다.

최국 선생님을 좋아하고, 국어를 사랑하는 나만큼 말하기 수행 평가를 잘하고 싶은 사람도 없을 텐데, 나는 마음만 굴뚝이었다. 내 말하기는 평범하고 건조한 편에 속했다. 못하지는 않는데 잘하지도 않는 딱 그 정도였다. 너무 많은 정보를 전달하려고 해서 지루한 감도 없잖아 있는 것 같았다.

어릴 때부터 입만 살았다는 꾸지람을 자주 들었고 그래서 말주변이 좋은 줄 알았는데, 그 능력하곤 다른 영역인 모양이었다. 차라리 어떤 상황을 글로 표현하라고 하면 쓰고 고치고를 반복하며 어떻게든 해 볼 수 있을 것 같은데, 사람들 앞에서 말하기는 고칠 수도 없으니 더 어렵게 다가왔다. 최국 선생님의 말하기 수행 평가가 없었다면 나는 내가 말하기에 소질이 있는 줄 착각하고 살 뻔했다. 재연이는 자신이 타고난 이야기꾼이라는 걸 끝내 몰랐을지도 모른다.

공부는 어렵고 입시 부담은 크지만 학교에서 하는 다양한 경험을 통해 몰랐던 잠재력을 찾게 되는 건 아주 멋진 일이라고 생각한다. 물론 내가 어떤 착각을 하고 있었는지도 잔인하리만치(?) 적나라하게 깨닫게 되기도 한다.

며칠 전, 내가 완성해 놓은 미술 실기 과제물을 물끄러미 보던 엄마가 이런 말씀을 하셨다.

"고은아, 너는 공부를 아주 열심히 해라."

몇 주 전, 음악 수행 평가를 위해 가곡을 연습하고 있던 내게 아빠가 하셨던 말씀과 완전 똑같아서 소름이 돋았다.

'어머니 아버지, 제가 누굴 닮았겠습니까.'

대학교 연구원이던 시절에 뜻밖의 일을 겪은 적이 있다. 내가 쓴 심리학 교양서의 서평을 우연히 읽은 라디오 피디님이 내게 연락을 주신 거였다. 난생처음 라디오 피디님에게 출연 제의를 받게 됐다. 예상치 못한 기회가 의아하고 기뻤으나 자신이 없었다. 라디오엔 아주 말을 잘하는 사람들이나 출연하는 거니까. 솔직히 하고 싶은 마음이 전혀 없는 건 아니었지만, 마음만 앞세워 능력 밖의 일에 달려드는 건 경솔한 행동이라고 생각했다. 제의는 너무 감사하지만 경험도 없고 자신도 없다며 정중히 거절했다.

며칠이 지나 피디님에게 또 연락이 왔다. 이번엔 부담 갖지 말고 방송국에 구경 한번 오지 않겠냐는 말씀이었다. 마침 연구도 무료하고 지루하던 시기라 대뜸 그러겠다고 하고 방송국에 갔다. 스튜디오를 구경시켜 주겠다던 피디님은 작정한 듯 헤드폰을 써 보라 하고 큐시트도 한번 읽어 보라고 하셨다. 그렇게 고단수 피디님의 손에 이끌려 처음 마이크 테스트를 하게 됐다.

피디님은 일주일에 한 번, 10분만 이렇게 진행자와 담소를 나누어 보자며 그 자리에서 다시 출연 제의를 하셨다. 나는 그러겠노라고, 못하면 피디님 책임이라는 너스레를 떨면서 감사히 제의를 받아들였다. 진심으로 잘하고 싶은 마음이 샘솟았다.

그렇게 몇 번의 출연 이후 하루는 피디님과 이야기를 나누게 됐다. 내가 잘하고 있는 건지, 방송할 만한 목소리이긴 한 건지 여전히 반신반의한 내 마음을 솔직하게 털어놓았다. 수십 년간 방송국 밥을 먹었을 베테랑 피디님은 내게 아주 흥미로운 이야기를 해 주셨다.

"사실 선생님은 '끼'는 없는 분 같습니다. 간혹 보면 방송 경험이 없어도 타고난 끼를 가진 사람이 있는데 선생님은 그런 분은 아니세요. 그런데 오히려 선생님의 딱딱한 말투나 좋은 발음, 그리고 차가운 목소리가 우리 프로그램에 아주 적격이에요. 심리학 연구자라는 전문성도 돋보이게 해 주고요."

예능 프로그램이었으면 나는 절대 섭외 대상이 아니었겠다는 생각을 하면서 그날 밤새 고민을 했다. '끼'라는 것이 타고난 재능이라는 것도 알겠고, 내게 없다는 것도 확실히 알 것 같았다. 그런데 겨우 몇 번의 출연이었지만, 나는 이미 이 일에 특별한 재미를 느끼고 있었다. 더 해 보면 잘하게 되지 않을까, 잘할 수 있도록 마음을 다해 노력해 보고 싶단 생각이 들었다. 타고난 재능이 없어도 열심히 연습하면 서툴게나마 악기로 곡을 연주할 수 있고, 날아오는 공을 똑바로 보는 것 정도는 가능해지듯이 내 실력도 점점 나아질 거라 믿었다. 그게 바로 연습이 허용하는 기적일 테니까.

그렇게 시작한 라디오 출연이 어느새 햇수로 10년이 훌쩍 넘었다. 감사하게도 이후로 꾸준히 기회가 주어진 덕분에 변함없이 즐겁게 이 일을 해 나가고 있다. 물론 항상 긴장을 늦출 수 없고 여전히 쉽지 않다. 내가 할 수 있는 일은 그저 최선을 다해 열심히 준비하고 성실히 임하는 것뿐이다. 그런 '열심'과 '성실'이라는 재능이, 기회를 만들어 줬다고 믿는다. 그런 의미에서 라디오는 내게 '재능'을 깨닫게 해준 고마운 세상이나 다름이 없다.

인간의 능력, 혹은 재능은 단순하지 않다. 다양성은 인류 진화의 주요한 전략 중 하나다. 만약 사람의 능력이 저마다 다르지 않고 비슷했다면 인류의 능력은 협소해졌을 테고, 따라서 문화의 발전 속도도 훨씬 느렸을 것이다. 그런 획일화된 재능은 변화하는 환경에 적응하는 일을 방해해 인류 전체의 생존까지 위협했을지도 모른다. 어떤 사람은 기계에 능하고 어떤 사람은 노래를 잘하며 어떤 사람은 기억력이 좋고 어떤 사람은 친절해야 인류는 다양한 변화에 적응하고 대처하며 오랫동안 생존할 수 있다.

어쩌면 다음 세상에서는 운동 신경이 둔하거나, 음치이거나, 혹은 기억을 못 하는 사람들이 외부의 위험으로부터 인류를 구하는 데 가장 적합한 주인공일지도 모른다. 물론 그 반대일 수도 있다. 세상이 어떻게 변하고 인류가 어떤 환경에 놓일지 가늠할 수 없으므로, 다양한 능력은 인류의 중요한 생존법이 된다.

인류 전체가 아닌 개인의 측면에서 살펴보아도 마찬가지다. 사람의 '재능'은 매우 다양하고 다채로우며 계속 변할 수밖에 없다. 어떤 세상에서 어떤 특성이 높은 가치를 지닐지 알 수 없는 것처럼, 내가 가진 능력과 특성 중 숨겨져 있던 재능이 언제 발견되어 빛을 발할지는 알 수 없는 일이다. 따라서 '무엇에 재능이 있다, 아니다'는 섣불리 판단해 버릴 일도, 쉽게 포기할 영역도 아니다.

집 근처에 좋아하는 카페가 생겼다. 연세가 좀 있는 사장님이 운영하는 카페인데 매장은 작지만 아주 청결하고 내려 주시는 커피 맛도 꽤 훌륭하다. 특별한 일이 없으면 웬만

무사히 어른이 될 수 있을까

해선 집 밖으로 나가지 않는 내가, 이 카페에 가려고 무려 외출을 한다니, 더 이상의 설명은 시간 낭비다.

커피 맛이나 청결함도 물론 좋지만, 내가 굳이 이 카페를 찾는 이유는 따로 있다. 바로 사장님의 놀랍도록 근사한 목소리다.

"손님, 주문하신 라떼 한 잔 나왔습니다" 하면, 아무래도 이 라떼는 저 깊은 동굴에서 채굴되어 나온 것이 분명하다는 착각에 빠진다. 들으면 누구나 심쿵할 만한 사장님의 동굴 목소리에 홀려 넋 나간 표정으로 커피를 가지러 가게 된다.

"손님, 커피를 좀 더 드릴까요?"

책을 보느라 카페에 꽤 오래 머물던 날이었다. 갑자기 훅 들어온 사장님 목소리에 깜짝 놀라 보던 책을 떨어뜨릴 뻔 했다. 그래 주시면 감사하겠다는 말씀을 드려야 하는데, 나도 모르게 무언가에 홀린 사람처럼 오지랖을 떨게 됐다.

"사장님, 목소리가 진짜 좋으세요. 이런 말 많이 들으시죠. 외모도 멋지셔서 배우나 아나운서를 했어도 성공하셨을 거 같아요. 카페에 처음 온 날, 사장님 목소리 듣고 얼마나 놀랐는지 몰라요."

사장님은 쑥스럽게 웃으며 좋게 봐 주어 고맙다고 하셨다. 기분이 좋아서인지 리필 커피를 넘칠 듯이 따라 주신다.

혹시 공짜 커피를 잔뜩 마시려는 목적의 아부성 발언으로 오해하진 않았으려나 잠깐 걱정이 됐다.

사장님은 평범한 회사에서 아주 오랫동안 근무했는데 회사 사정이 안 좋아져서 이르게 퇴직했다고 한다. 먹고살 길이 막막해 고민을 거듭하다 용기 내어 커피를 배우고 최근에 가게를 연 것이다. 목소리와 관련된 일은 해 본 적 없다는 이야기를 하려다 별로 궁금하지도 않을 개인사를 털어놓게 됐다며 웃으셨다.

"사장님, 앞으로 사업 잘될 거예요. 커피 맛도 훌륭하고 사장님도 멋있으시잖아요. 저처럼 사장님 목소리에 반해 단골 되는 손님들이 많을 거예요. 장사 잘돼서 카페를 확장해도 절대 진동 벨은 쓰지 말고 커피 나왔다고 직접 말씀해 주세요. 마이크 들고 말씀하셔야 될 정도로 카페가 커지면 좋겠어요."

사업의 '사'자도, 커피 맛이라곤 1도 아는 게 없으면서 조곤조곤 주제넘은 말을 많이도 했지만, 오지랖은 이럴 때 쓰라고 있는 거 아니겠나. 사장님이 연거푸 고맙다는 인사를 하셨다.

그날 이후로 카페에 갔더니 사장님은 동굴 정도가 아니

라 지구의 지각 아래 깊이 2,900킬로미터에 해당하는 맨틀에 닿을 듯한 저음으로 "커피 나왔습니다"라고 하신다. 목소리를 내기 전 흠흠 목을 다듬는 걸 보았다. 이런 말 죄송하지만 정말 귀여우시다는 생각이 들어 절로 웃음이 났다. 커피 맛도 한결 깊어진 것 같았다.

사장님은 자신의 목소리가 60대에 접어들어 재능으로 빛을 보리라곤 꿈에도 생각지 못하셨을 거다. 커피를 마시러 왔다가 이렇게 귀 호강을 할 수 있는 곳이 어디 흔할까. 사장님의 재능이 어디서든 '행복한 동굴 톤'으로 오래오래 발휘되었으면 좋겠다.

"저도 그랬어요"의
힘

14 공감의
3가지 종류

✦

"내 글짓기 좀 봐 줄 수 있을까?"

3반 정민이가 내 자리로 찾아와 머뭇거리며 물었다.

"뭐? 무슨 글짓기? 내가?"

영문을 알 길 없는 나는 정민이를 올려다보며 두서없이
물음표를 쏟아 냈다.

"맞춤법 봐 달라는 뜻이야?"

무얼 봐 달라는 건지 몰라 재차 물었다.

"글짓기 잘하잖아. 국어 시간에 들었어."

정민이의 설명에 따르면 며칠 전, 국어 시간에 반 전체가
내 글을 보았다고 했다. 선생님이 수업 자료로 나눠 주신 유

인물에 내 글이 있었는데 재밌어서 수업 내내 즐거웠단다.

잘못된 글의 예시 자료는 아니었냐고, 혹시 그래서 즐거웠던 건 아니냐고 물으며 나는 쑥스럽게 웃었다. 정민이는 미소를 지으며, 선생님이 설명 끝에 5반 이고은의 글이라고 말씀하셔서 모두 감탄했다고 했다. 그러니 자신의 글을 좀 봐 줄 수 있겠냐는 부탁이었다. 정민이는 이번 교내 글짓기 대회에서 꼭 상을 받고 싶은데 영 자신이 없다고 했다.

"내가 도움이 되려나 모르겠네. 그런데 꼭 상을 받고 싶은 이유가 있어?"

나는 상을 걸고 누군가와 내기를 했다거나 내신에 도움이 될 것 같아서라는 정도의 이유를 떠올리며 정민이에게 물었다.

"아빠를 기쁘게 해 드리고 싶어서. 곧 엄마 생신이거든."

대답이 의아했지만 더 이상은 묻지 않고 읽어 보겠다고만 답했다.

정민이와는 한 번도 같은 반을 해 본 적이 없었다. 같은 복도 같은 화장실을 쓰다 보니 오며 가며 얼굴을 보고 눈을 마주친 적은 있는, 딱 그 정도의 친구였다. 학교 규모가 작아 몇 반에 누가 있는지 정도는 금방 파악할 수 있어서 나는 정민이를 '3반의 조용하고 키 큰 동급생'으로 생각하고 있었다.

그런 친구가 내게 건네주고 간 원고에는, 중학교 1학년 때 갑자기 돌아가신 엄마 이야기와 아빠에게 효도하며 잘사는 것으로 사랑에 보답하겠다는 약속이 애틋하게 담겨 있었다. 나는 정민이를 잘 모르지만, 정민이가 이 글에 담은 마음은 느낄 수 있었다. 정민이는 돌아가신 엄마를 아프도록 그리워하며 많이 슬퍼하고 있었고, 그 슬픔은 내가 결코 가늠하지 못할 정도의 무게를 지니고 있었다.

'아침에 엄마와 싸웠다며 마음껏 짜증을 부리는 친구들이 나는 세상에서 제일 부럽다.'

이 문장을 원고의 가장 첫 문장으로 배치하는 것 말고는 별로 손볼 곳이 없어 보였다. 다소 거칠게 느껴지는 정민이의 문장들은 오히려 아픈 마음을 여과 없이 드러내는 것 같아 더 설득력이 있었다.

정민이는 그해 봄, 교내 글짓기 대회에서 진짜 상을 받았다. 돌아가신 엄마한테 선물을 드릴 수 있게 되어 기쁘다고 했다. 내 덕분이라며 고맙다는 말도 했다. 그러나 내 덕은 하나도 없었다. 내 의견이 없었어도 정민이의 글은 상을 받기에 부족함이 없었기 때문이다.

무사히 어른이 될 수 있을까

기뻐하는 정민이를 보며, '정민이 어머니가 살아 계셨다면 정말 좋아하셨을 텐데' 하는 부질없는 생각을 해 보았다. '엄마'는 도대체 사람에게 어떤 존재인 걸까. 기뻤지만 쓸쓸했던, 내게도 마음 아픈 봄이었다.

우리 엄마는…… 따뜻한데 한편으론 매우 강경한 분이다. 초등학교 2학년 때였던 것 같다. 편도선이 부어 밤새 열이 펄펄 났고 새벽에 응급실에 실려가 링거를 맞았다. 걸을 때마다 뇌가 흔들리는 것처럼 아파 정신 차리기 힘들었던 기억이 난다. 그날 아침엔 당연히 학교에 못 갈 줄 알았는데, 엄마는 아픈 나를 업어다가 등교를 시키셨다.

"엄마 나 아파서 죽을 것 같아."

"이 정도로 안 죽는다. 학생은 죽더라도 학교 가서 공부하다가 죽는 거다."

학교를 마치고 나왔더니 교문 앞에 엄마가 기다리고 계셨다. 다행히 몸은 괜찮아진 것 같았는데 엄마는 업히라며 등을 내밀어 몸을 굽히셨다. 그날은 엄마 등에 업혀 학교 갔다 집에 온 날로 기억한다. 엄마의 저 말씀은, 요즘도 학교 가기 싫어지는 날이면 섬뜩하도록 생생하게 내 귀에 들린다. 그런 날엔 '오늘은 학교에 죽으러 가지, 뭐' 하는 마음으로 현관문을 나선다.

지금 생각하니 그날 내가 학교에 있는 동안에도 엄마는 집에 못 가신 거 아닐까 싶다. 하교 시간에 맞추어 데리러 오신 게 아니라 교문 앞에서 내내 나를 기다리고 계셨던 게 아닐까.

그런 우리 엄마가 또한 귀에 딱지가 앉도록 하는 말씀이 있으니, '다른 사람에게 폐 끼치는 짓은 죽어도 하는 게 아니다'와 '다른 사람이 싫다는 짓은 죽어도 하면 안 된다'다. 우리 엄마는 걸핏하면 사람을 죽이고 난리다.

며칠 전엔 엄마가 나에게 잔소리를 하다 끝에 또 저 말씀을 덧붙이셨다.

"그런데 엄마, 엄마는 다른 사람이 싫다는 짓을 하십니다."

"뭐라고?"

"제가 말씀드리는 '다른 사람'은 '저'고요, '싫다는 짓'은 엄마가 하고 계신 '잔소리'예요."

입만 살아서 큰일이라는 엄마한테, '입이라도 살아 다행이지 않아요?'라고 했다간 정말 죽임을 당할지도 몰라서 딴청 피우며 웃어넘겼다.

'싫다는 짓'과 '폐'라는 건 전적으로 '다른 사람'의 기준이니 그게 뭔지 정확히 알기란 어렵지 않을까. 예의와 배려,

무사히 어른이 될 수 있을까

그리고 책임감에 대한 우리 엄마의 지론은 난이도가 보통 높은 수준이 아니다. 그 마음이 되어 보지 않고서야 알 수 없는 것들, 그 입장이 아니고서야 겨우 예측 정도에 머무는 것들, 그게 바로 '다른 사람, 다른 마음'일 테니까.

지난주 수요일에는 야간 자율 학습을 빠지고 집에 왔다. 담임 선생님께는 몸이 안 좋다고 말씀드리고 허락을 받았다. 집에 오자마자 곧장 화장실에 들어가 좀 오래 앉아 있었다. 온종일 학교에 있어야 하는 고등학생이다 보니 가장 불편한 것이 화장실, 더 정확히는 '배변 활동'이다.

학교 화장실은 시설이 열악하거니와 무엇보다 느긋하고 편안하게 쓸 수가 없다. 쉬는 시간은 길지 않고, 줄 서 있는 친구들도 배려해야 하니까. 이제는 적응이 될 만도 한데, 위장이 타고나게 예민한 나에게는 영영 해결하기 어려운 문제로밖에 보이지 않는다. 학교에서 화장실을 잘 못 가서, 걸핏하면 체하고 배도 자주 아프다. 신체적 불편감이 만만치 않다.

볼일을 다 본 뒤 다시 학교에 가도 아무 문제없을 만한 산뜻한 얼굴을 하고 나온 나를 본 엄마가, 선생님께 거짓말하고 조퇴한 거 아니냐며 추궁하셨다.

"선생님은 내 얼굴 보시곤 의심도 않고 얼른 집에 가라 하셨는데요, 뭘. 식은땀도 흘렸거든?"

엄마는 내가 '화장실 못 가서 조퇴하고 집에 온 녀석'이었다고 이다음에 나와 결혼할 사람이 집에 인사 오면 다 일러주겠노라고 협박 아닌 협박을 했다. 그만큼 우스운 꼴이란 뜻이겠지. 하지만 나는 엄마가 이런 내 처지를 몰라주는 것 같아 서운하기만 했다. 그날 밤엔 유별난 나 때문에 엄마, 아빠, 오빠 셋이 둘러앉아 결론 안 날 가족회의를 열었다.

"급해 봐라, 어쩔 도리 없이 해결하겠지, 놔둬."

아빠의 목소리가 야속하게 들렸다. 약이라도 지어 줘야 하는 거 아니냐는 엄마 말에 아빠는 퉁명스럽게 반응했다. 아까 화장실엘 다녀왔는데, 다시 배탈이 나는 것처럼 배가 쌀쌀해졌다. 그때 오빠가 말했다.

"생각보다 본인은 힘들 거예요. 얼마나 예민하면 학교 화장실을 못 가요. 저도 그랬어요. 중요한 시험 앞두고 저러기 전에 어떡해서든 도와주세요. 쟤는 심리적인 문제가 제일 클 거예요. 마음이 편하면 한결 나아질 걸요."

오빠도 약에 쓰려면 없는 것 같더니 지금은 있고 난리다. 개똥보다 나은 형제. 오빠는 예전부터 다소 더럽고 이상하지만 매우 적절한 비유를 들어 나를 위로(?)해 주곤 했다.

무사히 어른이 될 수 있을까

"수업 시간에 간혹 화장실이 가고 싶어질 때가 있는데 선생님께 말씀드리는 게 너무 창피해."

초등학생이던 내가 오빠에게 말했을 때, 오빠가 그랬다.

"옷에 실수하는 것보다는 덜 창피하지 않을까?"

고등학교에 입학하고 얼마 안 되어 학교 화장실을 잘 못 가던 내가 "오빠 나 이러다가 대학 가서도 화장실 못 가는 거 아닐까? 기숙사에서 살게 되면 어떡하지?"라고 했더니, "배 아프기도 전에 똥을 어떻게 닦을지부터 걱정하는 거야?"라고도 했다.

공감하고 이해해 주는 목소리를 들으니 좀 살 것 같아졌다. '저도 그랬어요'가 특히 고맙게 다가왔다. 내일부터는 부디 학교에서도 화장실을 잘 갈 수 있으면 좋겠다.

운전을 좀 늦게 시작했다. 남들은 수능 끝나자마자 운전면허부터 딴다던데 나는 서른이 넘어서야 그 일을 해냈다. 그렇게 늦게 얻은 면허증마저도 7년 가까이 장롱에 고이 모셔 두기만 했다. 그러다 최근에 운전대를 본격적으로 잡기 시작했다. 더 미루다간 영원히 무능해질지도 모른다는 생각이 들면서였다. 처음엔 서툴고 어렵지만 자꾸 하다 보면 노련해지는 것이 운전이라며 주변으로부터 격려를 많이 받았다. '나도 언젠가는 베스트 드라이버가 될 수 있겠지'라며 용기를 내 보기로 했다.

초보인 내가 운전을 하다 자칫 정신 줄을 놓아버릴 것 같은 순간이 있는데, 이를테면, 깜박이도 켜지 않은 차가 갑자기 끼어들거나, 길을 잘못 들어 내비가 경로를 재탐색하겠다고 하거나, 차선을 바꾸어야 하는데 도무지 타이밍을 못 맞추겠다거나 하는, 그런 예상 가능한 순간들이 아니다. 바로, 운전을 해 본 적 없는 누군가가 조수석에 앉아 훈수를 두는 순간이다.

물론 좋은 마음에서 그런다는 거 안다. 나도 그랬으니까. 그런데 나는 그 순간, 혈압이 오른다거나 화가 나지 않고 뜻밖에도 '반성'하는 마음이 들었다.

엄마는 내가 중학생이 되던 해에 운전대를 잡으셨다. 면허는 20대 때 땄지만 본격적으로 운전을 시작하신 건 마흔 살이 되고서였다. 엄마도 나처럼 운전을 늦게 시작했다. 그때 이후로 지금껏 엄마 차 조수석에 가장 많이 앉은 사람은, 바로 나다.

지금 엄마는 무無사고 경력 25년을 넘긴 운전자, 말 그대로 '베스트 드라이버'다. 더 늦기 전에 운전을 시작하라고 나를 독려한 사람도 엄마고, '엄마도 처음에는 무서웠어'라며 초보의 마음에 공감해 주는 사람도 엄마였다. 그런데 25년 전, 초보 운전자였던 엄마를 향해 나는 이런 말을 했었다.

"엄마, 차가 삐딱하잖아. 엄마, 주차선 딱 가운데가 아니잖아. 엄마, 핸들을 똑바로 해 놔야지. 엄마, 왜 빨리 안 가. 엄마! 엄마! 엄마……."

죄송해서 할 말이 없다. 왜 운전을 잘하는 사람일수록 내 차 조수석에 앉았을 때 묵묵히 침묵하고 있는지, '고은 씨, 운전 잘하네요'라는 칭찬 외엔 아무 말을 안 하는지, 왜 내가 물어보기 전에는 절대 훈수를 두지 않는지 알겠다. 이제야 너무 잘 알게 되어 진심으로 반성하는 마음이 든다.

'엄마, 잘못했어요. 부디 지난날의 저를 용서해 주세요.'

어떤 마음은 경험을 통해서 배운다. 겪어 보지 않았다면 알기 어려운 마음들을 잇달아 만나면서 우리 마음은 성장한다. 다른 사람의 입장과 처지를 이해할 수 있게 되고, 공감할 줄도 알게 되는 것이다.

우리는 흔히 '공감empathy'을 감정적인 반응이거나 의견에 대한 동의 정도로 생각하는 경향이 있다. 예를 들어, 어떤 상황에서 잘 울지 않거나 화가 나지 않으면 '공감 능력이 없는 건가?' 하고 생각하게 되는데, 이때 공감은 '감정적 반응'이다. 그래서 때로는 어떤 사람이 감정을 잘 표현하지 않거나 쉽게 동요하지 않으면 공감 능력이 부족한 것 아닌가 의심하기도 한다. 한편 "왜 내 말에 공감을 못 해?"라고 할 때의 공감은 '동의'에 가깝다. 상대방에게 동의를 얻고 이해받고 싶을 때 우리는 공감해 달라는 표현을 쓰곤 한다.

그러나 공감은 생각보다 단순한 단어가 아니다. 공감에는 '감정적 반응'이나 '동의' 그 이상의 의미가 담겨 있다.

스탠퍼드 대학교 심리학과 자밀 자키Jamil Zaki 교수는 자신의 책 《공감은 지능이다》에서 공감은 "타인의 감정을 공유하고 그 감정에 관해 생각하고, 그 감정을 배려하는 것을

무사히 어른이 될 수 있을까

포함하여 사람들이 서로에게 반응하는 다양한 방식을 묘사하는 포괄적인 용어"라고 설명한다.[16]

타인의 감정을 공유한다는 것은 다른 사람이 느끼는 감정을 비슷하게 느끼는 것을 말하는데, 이를 '정서적 공감'이라고 한다. 우리 뇌는 상대의 기쁨이나 슬픔을 목격하게 되면 마치 내가 그 상태인 것처럼, 거울을 보고 따라 하듯 반응한다. 친구가 울면 나도 울먹거리게 되고, 엄마가 웃으면 나도 웃는다. 이러한 '감정 전이'는 공감을 구성하는 중요한 요소다.

단순히 전이된 감정을 느끼는 데서 멈추는 것이 아니라 타인이 느끼는 감정에 대해 '생각'하는 것도 공감이다. 예를 들어, 화가 난 친구를 보면서 왜 화가 났는지, 얼마나 고통스러운지, 친구는 어떤 생각을 하고 있는지, 친구의 마음을 상상하고 이해하고 친구의 입장이 되어 보는 것이다. 이런 마음을 '인지적 공감'이라고 한다. 하지만 인지적 공감은 쉽지 않다. 다른 사람이 처한 상황과 다른 사람의 관점을 이해하는 데는 높은 지능이 필요하다. 따라서 인지적 공감을 잘하기 위해서는 많은 경험과 학습, 그리고 성장이 수반되어야 한다.

공감에는 감정을 '느끼고 생각'하는 것뿐 아니라 그 감정을 '배려'하는 것이 포함되어야 한다. 흔히 울고 있는 친구에게 공감하면 어깨를 다독여 주거나 눈물을 닦아 주고, 친구의 마음이 나아지려면 어떤 일이 필요할지 고민도 해 보게 되는데, 이것이 바로 '공감적 배려'다. 어떤 사람에게 공감하게 되면 마음이 움직인다. 당장에 보이는 도움을 주지는 못하더라도 응원하게 되고, 기도하게 되고, 내 나름의 방식으로 그 마음을 배려하는 행동을 하게 된다. 공감적 배려를 통해 상대방의 마음을 헤아려 존중하게 되는 것이다.

누군가에게 제대로 공감하는 건 정말 어려운 일이다. 우리는 서로 엄연히 다르고 저마다 각자의 마음이 있으니까. 그러므로 누군가가 내 마음을 완벽히 이해하기 어려울 수 있고, 나 또한 다른 사람의 마음을 완전히 이해하는 건 영영 못할 수 있다. 다만 그렇더라도 공감하려는 노력이 무의미한 건 아니다. 우리는 서로의 마음을 탐색하고, 이해하며, 배려하기 위해 노력하며 산다. 그 모든 것이 '공감'의 모습이다.

얼마 전엔 친한 친구와 한참 수다를 떨다가 아차 하는 순간이 있었다. 서로 근황 이야기를 나누다 내가 자연스레 엄

무사히 어른이 될 수 있을까

마와 있었던 즐거운 에피소드를 풀어놓던 참이었다. 그러다 불현듯 이 친구의 어머니가 6개월 전쯤 돌아가셨다는 사실이 머리를 스쳤다. 곧장 엄마가 그리울 친구를 헤아리지 못한 것 같아 미안한 마음이 밀려 들었다. 행여나 쓸쓸한 마음이 들게 했거나 불쾌하게 한 것은 아닐까 싶어 나도 모르게 당황스러운 표정을 지어 보였는데, 친구는 고맙게도 미안해하는 내 마음을 눈치챘는지 괜찮다는 의미를 담아 환하게 웃었다. 서툴고 부족한 내 마음을, 친구는 더 넓고 따뜻한 마음으로 이해해 주었다. 우리는 또 그렇게 서로에게 공감하고 공감받았다.

그렇게
기억해 줘서 고마워

제가 다닌 고등학교에서 우리 집까지는 1.7킬로미터쯤 떨어져 있었습니다. 1.7킬로면 승용차로는 5분도 안 되는 거리지만, 무거운 책가방을 짊어진 여고생의 걸음으로는 만만찮은 거리입니다. 제 종종걸음으로 학교에 가는 데만 30분은 족히 걸렸거든요. 실제로도 꽤 멀지만, 학교라는 곳은 자고로 비가 오나 눈이 오나 매일 가야 하는 곳이니 그 압박감과 의무감 때문에 심리적으로는 더 멀게 느껴졌습니다.

게다가 우리 집은 한적하고 조용한 시골 마을에 있었는데, 학교까지 가는 버스조차 없었습니다. 그래서 등하교를 위해 가로등도 몇 없는, 인적이 드문 길을 다녀야 했죠.

요즘 들어 엄마는, 제 친구나 지인을 만나면 저의 학창 시절 이야기를 꺼내시곤 하는데, 그때마다 야간 자율 학습이 끝나는 시간에 맞춰 하루도 빠짐없이 차로 데리러 갔다고 말씀하십니다. 그런데 저는 엄마의 말씀이 매우 못마땅합니다. '하루도 빠짐없이'라는 표현 때문입니다. 물론 가능한 한 열심히 데리러 와 주셨고, 그게 얼마나 어려운 일인지도 알기에 언제나 감사한 마음을 느낍니다. 하지만 '하루도 빠짐없이' 데리러 오신 건 아니었어요.

저는 야간 자율 학습이 끝난 밤에 교문을 나서서 올려다본 밤하늘 풍경을 지금도 잊지 못합니다. 또한 계절의 밤공기를 느끼며 걷던 하굣길을 여태 기억하며 삽니다. 가로등이 드문 거리에서 순찰을 돌고 계신 경찰 아저씨께 인사했던 날도 선명하고요. 그때 그 시절 시골 밤길은, 제 마음을 성장시킨 아주 소중한 공간이었습니다.

어느 날, 엄마에게 마음먹고 여쭈어 보았습니다.

"엄마, 진짜 '하루도 빠짐없이' 데리러 오셨어요?"

"그럼. 설거지를 하다가도 시계 보고 늦었다 싶으면 헐레벌떡 나갔는데."

엄마의 목소리가 확신에 차다 못해 너무나 호기로워서,

저는 추돌 사고를 당한 운전자 마냥 뒷목을 잡았습니다.

사람의 기억은 불완전합니다. 우리는 경험과 지식을 머릿속에 저장해 두었다가 필요한 때에 꺼내어 쓸 수 있는 능력을 지녔지만, 저장해 두는 동안 정보의 형태는 변하기도 합니다. 어느 시점에 기억을 꺼내는지에 따라서도 달라질 수 있습니다. 즉 우리 기억은 완전하지 않으며, 왜곡되고 재구성됩니다.

미국의 인지심리학자인 엘리자베스 로프터스Elizabeth Loftus 교수는 어린 시절 디즈니랜드에 가 본 적 있는 학생들을 대상으로 심리 실험을 진행했습니다.[17] 우선 연구진은 실험 참가자들에게 디즈니랜드를 배경으로 포즈를 취하고 있는 '벅스 버니'의 사진이 실린 광고지를 보여 주었습니다. 이후 실험 참가자들에게 어릴 때 디즈니랜드에 갔던 기억을 자세히 설명해 달라고 주문했는데요.

참가자의 3분의 1에 해당하는 학생들이 꽤 확신에 차서 어릴 때 디즈니랜드에서 '벅스 버니'를 만난 적이 있다고 대답했습니다. 심지어 16퍼센트가량의 참가자가 '벅스 버니'와 악수를 한 기억이 있다고 답했으며, 귀나 꼬리를 만진 적이 있다고 장담하는 참가자도 있었습니다.

실험 참가자들은 자신의 기억력이 아주 좋은 편이라고 자신했습니다. 하지만 '벅스 버니'는 디즈니랜드에선 절대 만날 수 없는 캐릭터입니다. 미국의 대표적인 엔터테인먼트 회사 '워너브라더스'의 공식 마스코트이기 때문인데요. 실험 참가자들에게 제공한 사진은 연구진이 조작한 가짜 사진이었습니다. 참가자들의 기억이, 연구진이 제공한 자료로 인해 철저히 왜곡되었던 것이죠.

실험에 참가한 학생들은 자신의 기억을 최대한 정확하게 떠올리려고 열심히 노력했을 것입니다. 과제를 유능하게 수행하는 참가자가 되고 싶었을 테니까요. 그러나 연구자가 제시했던 광고지, 즉 의심할 수 없는 자료를 살펴본 뒤 기억을 떠올렸기 때문에 디즈니랜드에서 실제로 만났던 미키 마우스는 벅스 버니로 탈바꿈하기에 충분했죠.

얼마 전엔 엄마와 이런 대화를 나눴습니다.

"혼자 살아 보면서 제가 절실히 깨닫는 게 있는데, 엄마는 참 대단한 것 같아요."

"갑자기 왜 그래?"

무슨 중대사를 발표하려고 밑밥을 까느냐는 듯, 엄마가 의심의 눈초리로 저를 보셨습니다.

엄마는 어떻게 하루도 빠짐없이 신선한 반찬이 가득한 밥상을 차릴 수 있었는지, 어떻게 냉장고에 음식이 떨어지지 않도록 관리했는지, 어떻게 늘 나와 오빠의 교복과 체육복을 새 옷처럼 입혀 주셨는지, 집이 어떻게 그렇게 항상 깨끗했고, 아빠의 양복과 와이셔츠는 단 하루도 빠짐없이 갖추어져 있었는지 모르겠다고. 살아 보니 내 몸 하나 건사하기도 버거워 걸핏하면 집이 더러워지고 냉장고가 비는데, 엄마에게 보이지 않는 노동이 얼마나 많았을지 감히 짐작조차 되지 않는다고 속사포로 쏟아내듯 말했습니다. 제 눈빛에는 경애의 마음이 어려 있었습니다.

저는 엄마가 제 이야기를 듣고 '네가 이제야 철이 들었구나'라고 말씀하실 거라고 기대했습니다. 그런데 아니었어요. 엄마는 '그렇게 기억해 줘서 고맙다'고 하셨습니다.

국과 반찬이 며칠째 똑같아서 미안한 때가 있었고, 체육복이 안 말라서 학교에 가져가 의자에 걸쳐 놓았다 입으라한 적도 많았다고 하셨습니다. 겨울에 교복 안에 신는 검정스타킹이 마르지 않아 전자레인지에 돌렸다가 태워 버린 날이 여태 생생하다며 웃으시기도 했고요. 미안했던 날, 못해 준 날이 더 많았는데 네가 그렇게 기억해 줘서 고맙다고 하셔서 가슴이 뭉클했습니다.

우리가 가진 기억에는 '그때'의 마음과 '지금'의 마음이 함께 담겨 있습니다. 엄마는 하굣길에 데리러 나간 당신의 노고보다 자식인 저를 귀하게 키웠다는 마음이 중요했던 것 아닐까 싶습니다. 다른 사람들도 똑같이 저를 귀하게 여겨 주길 바라서서 그렇게 기억하시는 것 같아요. 늦은 시간의 하굣길이 늘 걱정이었던 마음이, 지금은 그렇게 엄마의 기억으로 자리 잡았다는 것을 이제 조금은 알 것 같습니다.

지난날을 어떻게 기억하는지에 따라 실제 걸어온 시간도, 지금의 마음도 달라질 수 있습니다. '그때 참 행복했다'는 말은, 그 기억을 떠올리는 지금 현재 행복을 느끼고 있다는 의미와도 같습니다. 과거를 따뜻하게 기억할 수 있다면 더없이 따뜻한 과거를 살아온 사람이 됩니다.

십 대의 나를 만나는 일은 그때의 기억들에게 위로와 격려를 건네는 일이었고, 소중한 기억만 모아 둔 마음 곳간에 차곡차곡 새로이 기억을 쌓아 올리는 작업과도 같았습니다. 청소년기는 분명 불편하고 불안하기도 했지만 그럼에도 무사히 지금을 있게 해 준 고맙고 귀한 시절이었습니다. 지금 여러분은 훗날 어른이 되어 더없이 소중하게 기억할 귀한 계절을 통과하는 중이라는 말을, 꼭 전해 주고 싶습니다.

1 윤연옥, 감신, 이원기, 류동희, 정호영 (2016). 대학신입생의 남녀별 미용성형 수술계획 실태 및 관련 요인. *보건정보통계학회지*, 41(3), 336-343.

2 위은하 (2015). 광주·전남지역 청소년의 외모에 대한 사회문화적 태도에 따른 신체비교, 신체만족과 외모관리행동 연구. *한국가정과교육학회지*, 27(1), 13-29.

3 Gilovich, T., Medvec, V. H., & Savitsky, K. (2000). The spotlight effect in social judgment: an egocentric bias in estimates of the salience of one's own actions and appearance. *Journal of personality and social psychology*, 78(2), 211-222.

4 미주 3과 같은 연구.

5 Brosnan, S. F. and de Waal, F. B. M. (2003). Monkeys reject unequal pay. *Nature* 425, 297-299.

6 Hamann, K., Warneken, F., Greenberg, J. R., & Tomasello, M. (2011). Collaboration encourages equal sharing in children but not in chimpanzees. *Nature* 476, 328-331.

7 Cosley, B. J., McCoy, S. K., Saslow, L. R., & Epel, E. S. (2010). Is compassion for others stress buffering? Consequences of compassion and social support for physiological reactivity to stress. *Journal of experimental social psychology*, 46(5), 816-823.

8 Fleming, L. C., & Jacobsen, K. H. (2009). Bullying and symptoms of depression in Chilean middle school students. *Journal of school health*, 79(3), 130-137.
   — Kaltiala-Heino, R., Rimpelä, M., Marttunen, M., Rimpelä, A., & Rantanen, P. (1999). Bullying, depression, and suicidal ideation in Finnish adolescents: school survey. *Bmj*, 319, 348-351.
   — Kim, Y. S., Koh, Y. J., & Leventhal, B. (2005). School bullying and suicidal risk in Korean middle school students. *Pediatrics*, 115(2), 357-363.
   — Wolke, D., Woods, S., Stanford, K., & Schulz, H. (2001). Bullying and victimization of primary school children in England and Germany: Prevalence and school factors. *British journal of psychology*, 92(4), 673-696.
   — '교육부 2024년 1차(전수조사) 및 2023년 2차(표본조사) 학교폭력 실태조사 결과발표' 참조 https://www.moe.go.kr/boardCnts/viewRenew.do?boardID=294&boardSeq=101077&lev=0&searchType=null&statusYN=W&page=1&s=moe&m=020402&opType=N.

9 Klomek, A. B., Marrocco, F., Kleinman, M., Schonfeld, I. S., & Gould, M. S. (2007). Bullying, depression, and suicidality in adolescents. *Journal of the American Academy of Child & Adolescent Psychiatry*, 46(1), 40-49.

10 Eisenberger, N. I., Lieberman, M. D., & Williams, K. D. (2003). Does rejection hurt? An fMRI study of social exclusion. *Science*, 302, 290-292.

11 Eisenberger, N. I. (2012). Broken hearts and broken bones: A neural perspective on the similarities between social and physical pain. *Current Directions in Psychological Science*, 21(1), 42-47.

12 Christoffel, D. J., Golden, S. A., & Russo, S. J. (2011). Structural and synaptic plasticity in stress-related disorders. *Reviews in the Neurosciences*, 22(5), 535-549.

13 Vaillancourt, T., Duku, E., Becker, S., Schmidt, L. A., Nicol, J., Muir, C., & MacMillan, H. (2011). Peer victimization, depressive symptoms, and high salivary cortisol predict poorer memory in children. *Brain and Cognition*, 77(2), 191-199.

14 Swartz, J. R., Carranza, A. F., & Knodt, A. R. (2019). Amygdala activity to angry and fearful faces relates to bullying and victimization in adolescents. *Social cognitive and affective neuroscience*, 14(10), 1027-1035.
    — Li, Q., Xiao, M., Song, S., Huang, Y., Chen, X., Liu, Y., & Chen, H. (2020). The personality dispositions and resting-state neural correlates associated with aggressive children. *Social cognitive and affective neuroscience*, 15(9), 1004-1016.

15 Sheehan, A. E., Bounoua, N., Miglin, R., Spielberg, J. M., & Sadeh, N.

무사히 어른이 될 수 있을까

(2021). A multilevel examination of lifetime aggression: integrating cortical thickness, personality pathology and trauma exposure. *Social cognitive and affective neuroscience*, 16(7), 716-725.

16 자밀 자키(Jamil Zaki), 정지인 옮김, 《공감은 지능이다》, 심심, 2021, 373쪽.

17 Braun, K. A., Ellis, R., & Loftus, E. F. (2002). Make my memory: How advertising can change our memories of the past. *Psychology & Marketing*, 19(1), 1-23.

무사히 어른이 될 수 있을까

십 대를 위한 심리학자의 마음 수업

초판 1쇄 펴낸날 2025년 5월 30일

지은이 이고은
펴낸이 이은정
제작 제이오
디자인 어나더페이퍼
표지 그림 김물길

펴낸곳 도서출판 아몬드
출판등록 2021년 2월 23일 제 2021-000045호
주소 경기도 고양시 덕양구 청초로 10, 지엘메트로시티한강 A1동 1716호
전화 02-3158-2103 팩스 031-5176-0311
전자우편 almondbook@naver.com
페이스북 /almondbook2021 인스타그램 @almondbook

ⓒ이고은 2025
ISBN 979-11-92465-25-8 (43180)